新型职业农民培育系列教材

农民素养与现代生活

张小川　于继红　余大志　主编

中国林业出版社

图书在版编目(CIP)数据

农民素养与现代生活 / 张小川，干继红，余大志主编. —北京 ：中国林业出版社，2018.8
新型职业农民培育系列教材
ISBN 978－7－5038－9719－1

Ⅰ. ①农… Ⅱ. ①张… ②干… ③余… Ⅲ. ①农民－素质教育－中国－技术培训－教材 Ⅳ. ①D422.6

中国版本图书馆 CIP 数据核字(2018)第 199860 号

出　版 中国林业出版社(100009　北京市西城区德内大街刘海胡同 7 号)
E-mail Lucky70021@sina.com　**电话** (010)83143520
印　刷 北京市彩虹印刷厂
发　行 中国林业出版社总发行
印　次 2018 年 9 月第 1 版第 1 次
开　本 850mm×1168mm　1/32
印　张 8
字　数 280 千字
定　价 32.80 元

《农民素养与现代生活》

编委会

前　言

我国是一个农业大国，国民比例中农民占多数，农民需要享受现代生活，农民幸福是国泰民安的基础。发展现代农业，享受现代生活，让农民过得幸福，是民之大幸，是国之大幸。

本书紧跟政策与科学技术的发展，为新型职业农民提供培训内容。书中包括职业农民是乡村振兴的中坚，职业农民能力素质，职业农民的法律素养，职业农民产业化经营意识，职业农民的创业意识和品牌意识，职业农民信息素养，职业农民的生活素养，美化乡风民风，形成优良家风，新乡贤文化，美化农村人居环境，美化农村文化等内容。

由于编者水平所限，加之时间仓促，书中不尽如人意之处在所难免，恳切希望广大读者和同行不吝指正。

编　者

目 录

第一章 职业农民与乡村振兴

实施乡村振兴战略，是党的十九大做出的重大决策。中央一号文件又进一步做出具体部署，并明确了路线图和时间表。乡村振兴既包括经济、社会、文化的振兴，又包括治理体系创新和生态文明进步，是全面振兴的综合概念。乡村振兴为了人，乡村振兴依靠人，乡村的振兴离不开农民素质的提升。

第一节 职业农民

一、职业农民的出现

长期以来，我国实行二元结构户籍制度，出现了“农业户口”与“非农业户口”这种户籍制度。随着农业产业化和新型城镇化的不断推进，农民这个词的含义也开始发生了变化。农民已经不再是身份的标志，而逐渐成为农业产业从业人员的一种类别，即一种职业，也就出现了“职业农民”的概念。

什么是职业农民？职业农民是指具有科学文化素质、掌握现代农业生产技能、具备一定经营管理能力，以农业生产、经营或服务作为主要职业，以农业收入作为主要生活来源，居住在农村或集镇的农业从业人员。

农业是一种最古老的职业，它是早期人类社会生存的基本职业之一。人类要存活就需要食物，光靠狩猎是无法满足生存需要的，因此人类发展很大程度上是由农业这个古老的职业来决定的。自从人类进入了阶级社会以后，随着职业分工和等级制度的实施，特别是进入了工业化发展之后，农民的地位随着农业产业比重的下降不那么重要了，社会地位也不那么受人重视了，人们的观念中轻农的意识越来越普遍了。这些不正确的认识和观念，在我们国家由于二元结构的户籍制度而更显得严重了。

改革开放近 40 年来，中国经济最大的变化之一就是农业、农村和农民的变化。近年来种地的职业化要求越来越明显。联产承包责任制极大地激发了农民的生产热情，改变了中国农业面貌。但是，由于家庭经营土地规模小，农业的效益越来越难以养活数以亿计的农民，大量的农民转移到城市，一部分土地向种田大户集中，目前又开始向合作社集中，地越来越不好种，很多农民辛辛苦苦一年下来，那点收入还抵不了生产的投入。所以，传统的面朝黄土背朝天的辛苦付出不行了。这说明，中国的农民也真正到了职业化的转变阶段。职业农民，或者说职业的种地人群体呼之欲出。

二、职业农民与传统农民的区别

现在看来，最大的区别在于传统的农民种地只知道如何把地种好，而今天的农民不仅仅是把地种好，最重要的是把地里的产品卖好，求得一个好收成。按照收成的需求种地，是职业农民最重要的专业素养。这也就是为什么现在很多农民感叹自己突然不会种地的原因。所以，传统农民向职业农民转变必须做到从面向黄土到面向市场。

面向市场的转变，对传统的农民来说可能是非常困难的，因为，从整体情况看，农民对市场的不适应还非常的明显。

三、职业农民的分类

1. 生产经营型

生产经营型职业农民是指以农业为职业、占有一定的资源、具有一定的专业技能、有一定的资金投入能力、收入主要来自农业的农业劳动力，主要是专业大户、家庭农场主、农民合作社带头人等。

2. 专业技能型

专业技能型职业农民是指在农民合作社、家庭农场、专业大户、农业企业等新型生产经营主体中较为稳定地从事农业劳动作业，并以此为主要收入来源，具有一定专业技能的农业劳动力，主要是农业工人、农业雇员等。

3. 社会服务型

社会服务型职业农民是指在社会化服务组织中或个体直接从事农业产前、产中、产后服务，并以此为主要收入来源，具有相应服务能力的农业社会化服务人员，主要是农村信息员、农村经纪人、农机服务人员、植保员、村级动物防疫员等农业社会化服务人员。

四、职业农民的基本特征

1. 以农业为职业

职业农民必须是以农为业、以农为主、以农为本、以农为根，全职务农，把务农作为终身职业。

2. 占有一定的资源

职业农民必须是通过山林、土地的流转实行适度规模经营，具有一定领导、协调、联络、沟通能力和团队合作能力的农业专业经营者。

3. 具有一定的专业技能

职业农民必须是具有一项（类）以上较高的农业专业技术实践操作能力和一定的农业专业理论水平，取得农民专业资格证书和培训技术证书的农业专业经营者。

4. 具有一定的资金投入能力

职业农民必须有一定的资金积累和发展再生产的能力，具有投资发展现代农业的热情和理念，不是完全靠政府补助和贷款维持经营的农业专业经营者。

5. 收入主要来自农业

职业农民具备较大经营规模，农民本人或家庭收入的80%以上来自农业产业。

以上5个方面的特征相互依存、有机融合，构成了新型职业农民的基本框架。

第二节　新型职业农民

一、认定原则

坚持政府主导，农民自愿，公开、公平、公正，属地动态管理的原则。生产经营型，以县级为主认定；专业技能型和社会服务型，主要开展农业职业技能鉴定。由中央、省、地（州、市）组织培训的农民在从业地申请认定。由县级以上（含县级）人民政府发布认定管理办法，由县（区）农业局组织审核认定。充分尊重农民意愿，不得强制和限制符合条件的农民参加认定。要建立新型职业农民退出机制，对已不再符合条件的，应按规定及程序予以退出，并不再享受相关扶持政策。

二、认定条件和标准

一是以农业为职业，主要从职业道德、农业劳动时间和主要收入来源等方面考虑；二是教育培训情况，接受过农业系统培训、农业职业技能鉴定或中等及以上农科教育作为基本认定条件；三是生产经营规模，以家庭成员为主要劳动力，但不低于外出务工收入水平确定生产经营规模，并与当地扶持新型生产经营主体确定的生产经营规模相衔接。各县（区）制定详细的认定标准。

三、认定程序

由本人提出申请，报县（区）农业局审核、县区新型职业农民培育工作领导小组认定。经认定为职业农民的从业者，由当地县级人民政府颁发《新型职业农民证书》，全程管理、建档立册、计算机管理。

第三节　新型职业农民需要塑造

建设社会主义新农村，农民素质是关键。建设社会主义新农村是一项长期、艰巨、复杂的重大历史任务，是一个与现代化建设同步的过程。我国长期处于社会主义初级阶段的基本国情，决定了新农村建设需要经过几十年，有些地方甚至需要上百年的艰苦努力。党中央提出的新农村建设的总要求：“生产发展、生活宽裕、乡风文明、村容整洁、管理民主”，这 5 句话 20 个字涵盖了农村经济、政治、文化和社会的方方面面。其中最根本，也是最紧迫的任务，是提高农民的整体素质。

一、认清新农村建设存在的差距

经过多年的改革与发展，我国广大农村经济社会有了巨大进步，纵向上与自身相比，农民的素质有了很大提高。但是，我们也要清醒地看到，随着工业化、城镇化、市场化进程的不断加快，农业农村发展面临许多新情况、新问题，突出的表现就是“农村空心化、农业兼业化、农民兼职化”趋势日益明显，广大农民的素质无论是与形势发展需要，与现代农业发展需要，还是与新农村建设的需求相比都存在较大差距，表现在：①大多数农民文化水平不高，职业技能水平较低；②农村农业科技生产水平偏低，在一定程度上阻碍了农业生产水平的提高；③许多农民思想观念趋于陈旧。

二、提高农民素质，加快新农村建设步伐

农民素质不高，不仅严重制约了农村经济的发展，制约了农民收入的增加，而且阻碍了新农村建设的进程，表现在：①制约了农村劳动者向二、三产业的转移，制约了农村产业结构调整的步伐；②使农民不能很好地接受和掌握新技术，制约了农业劳动生产率的大幅度提高。在科学技术迅猛发展、信息化潮流汹涌澎湃、知识经济已初露端倪的今天，科学技术已成为推动经济增长的主要推动力，但是科技的研究开发和掌握应用均离不开具有高素质的劳动者；③给农民在接受新观念、获取信息、提高技能、参与市场竞争等方面带来极大障碍，使之难以冲破传统农业和小农意识的束缚；④阻碍了农民收入的增加。

因此，要振兴新农村，加快新农村建设步伐，就必须提高农民的素质，用新的科技思想武装农民，塑造新型的职业农民。

三、新型农民的塑造

塑造农民，就是以实现农民的全面发展为目标，开发农民的潜能，提高农民的素质，促进农民从传统人向现代人转变。现代化的实质是转变传统的结构、体制、观念和人，核心是转变传统的农业农村结构、体制和农民的传统观念做法。我国是

农民人口众多的农业大国，现代化程度还不太高，造就新型职业农民是我国现代化建设的难题，我们面临的历史任务十分艰巨。塑造新型职业农民，既是我国建设社会主义新农村的显著特点，也是建设社会主义新农村的落脚点。塑造新型职业农民也是一项系统工程，需要长期努力。

第四节　塑造新型职业农民的现实意义

一、是推进社会主义新农村建设的必要前提

农民是社会主义新农村建设的主体，农民素质的高低直接决定着新农村建设的成效。培养新型职业农民，提高农民的整体素质，是解决“三农”问题的治本之策。没有一大批“有文化、懂技术、会经营”的新型职业农民，要实现社会主义新农村建设的宏伟目标将会是一句空话。要把建设社会主义新农村的美好愿景变成现实，就必须对农民进行素质教育，着力培育现代新型职业农民。这是社会主义新农村建设最本质、最核心的内容。

二、是发展现代农业的重要保证

历史唯物主义认为：人民群众是生产力中最活跃、最革命的因素，创造了社会的物质财富和精神财富。发展现代农业，提高农业综合生产能力，实质上就是解放和发展农村的生产力，因此，必须发挥农民——生产力中最活跃的因素的主力军作用。发展现代农业必须依靠科学技术，但更离不开人才的支撑。广大农民不仅是农业生产的直接参与者，也是农业科技成果转化的重要载体。大量的农业科技成果最终被农民所掌握，才能转化成为现实的生产力。因而，培育大批“有文化、懂技

术、会经营”的新型职业农民是发展现代农业的重要保证。

三、是实现城乡一体化的必然要求

培育新型职业农民，全面提高农民素质，包括文化素质、科技素质、人文素质，可以加快转移农村富余劳动力、推进工业化和城镇化建设、将人口压力转化为人力资源优势；不断增强农业可持续发展能力，切实提高农民收入，促进农村经济快速增长，进一步解放和发展农村生产力。在这个过程中，随着生产力的发展，城乡居民的生产方式、生活方式和居住方式不断变化，城乡人口、技术、资本、资源等要素相互融合，互为资源，互为市场，互相服务，逐步达到城乡之间在经济、社会、文化、生态上协调发展，融为一体。

四、是实现乡风文明的重要途径

建设社会主义新农村，既要加强农村物质文明建设，又要加强农村精神文明建设。要塑造文明乡风，就需要大力提高农民的综合素质。目前，我国社会正在面临一场前所未有的深刻变革，这必然会使农民的思想观念、价值取向等方面发生变化。在现实生活中，有的农民缺乏远大理想，产生了拜金主义、享乐主义；有的农民只讲权利不讲义务，只讲索取不讲奉献；有的农民对美与丑、善与恶、科学与伪科学的判断标准模糊；有的农民政策观念、法制观念淡薄。这些对构建农村和谐社会是非常不利的。培育新型职业农民，可以使农民树立和践行社会主义荣辱观，自觉抵制不良思想的侵蚀，养成健康文明的生活习惯，不断增强环保意识、卫生意识和法制意识，为社会主义新农村建设营造文明乡风。

第二章　职业农民的能力素质

随着乡村振兴战略的推进和都市型现代农业的发展，迫切需要实施新型职业农民培育工程，提升农村劳动力技术技能，全面提高农民素质，尽快培育出一大批“爱农业、懂技术、善经营”的新型职业农民。

第一节　新型职业农民的学习能力

农民是新农村建设的主体。在建设新农村过程中，把塑造新型职业农民作为主要任务，正是贯彻和落实科学发展观的核心——以人为本的根本要求，重视农民、尊重农民，充分调动农民建设新农村的积极性、主动性和创造性，“充分发挥广大农民群众的主体作用，是社会主义新农村建设成败的关键”。

以人为本的“人”是指全体中国人民，包括农民。农民是农村的主体，是农业的主人，从一定程度上说，农业、农村问题都是农民的问题。因此，在建设社会主义新农村的实践中，必须坚持以农民为本的价值取向，一切为了农民，依靠农民，塑造农民。

为了农民，就是把不断改善农民的生存和发展条件作为建设新农村的出发点和落脚点。

当前，我国正在着力解决一系列关系农民切身利益的问题：

一是从农民的根本利益出发谋发展、促发展，千方百计增加农民收入，使农民生活富裕。为此，要建立农民增收的长效机制，广开农民增收渠道，充分挖掘农业内部的增收潜力，尽力拓展农业外部的增收途径。中共中央多年来每年的一号文件精神可以看出，党中央始终把增加农民收入作为主题，按照“多予、少取、放活”的方针，制定了一系列补农、扶农、惠农、富农的政策。

二是积极引导农村富余劳动力转移，维护农民工的合法权益。几亿农村人口转入非农产业和城镇就业，生产方式和生活方式发生历史性变革，是一个重大战略问题。改革开放以来，我国农村富余劳动力转移规模越来越大，速度越来越快，外部环境也日益宽松。

三是切实保障农民的经济、政治和文化权益，尊重农民的人权。必须全面改善城乡之间的资源分配关系，改变不合理的城乡交换关系，缩小农民与其他社会阶层之间在地位、权利、收入和能力等方面不断拉大的差距。党中央大力推进体制改革，努力消除体制性障碍，坚决纠正土地征用中侵害农民利益的问题、拖欠和克扣农民工工资的问题，促进了农业农村发展，维护和保障农民权益。因此，要全面深化以农村税费改革为重点的综合改革，推进乡镇机构和管理体制改革、农村义务教育体制改革、县乡财政体制改革、农村金融体制改革和土地征用制度改革等。

四是统筹城乡发展，逐步缩小城乡差距，切实改善广大农村和农民的生产、生活条件和整体面貌。要确立农村与城市生活等值的理念，逐渐消除城乡之间在生活质量上的差异，使农民在劳动强度、工作条件、就业机会、收入水平、居住环境等方面与城市居民等值，有效地保证留在农村的人口安居农村，建设农村。为此，要大力推进户籍制度、就业制度、社会保障制度、医疗卫生制度等改革，逐步建立城乡统一的制度体系。

还要建立城乡之间资源和人才互动的机制，促进城乡一体化发展。

依靠农民，就是要让农民成为新农村建设的主体，尊重农民的首创精神，激发农民的创业激情。农民是建设社会主义新农村的主体，必须充分尊重农民的意愿，依靠农民的辛勤劳动，让农民自己选择符合本地实际的发展模式，参与实施方案的制订和操作，主动出资出力，自觉投入新农村建设。这充分反映了国内外农村建设的历史经验。例如，被欧盟当作现代化农村建设标本的德国巴伐利亚州，一条成功经验，就是依靠村民积极参与进行乡村变革。又如韩国新村运动的成功，也是由于农民积极、广泛地参与了新村建设。而近些年来，我国虽然把解决“三农”问题作为党和政府工作的重中之重，但没有从根本上改观。其深层原因就是没有真正启动农民的主体力量。我国半个多世纪的农村建设经验也表明，农民参与的程度和积极性、主动性、创造性发挥的程度是决定农村建设成败的关键。依靠农民建设新农村，需要从多方面着手。

一是相信农民，尊重农民的利益要求。我国新农村建设中要相信农民，破除那些“不放心”农民的观念和做法。要尊重农民的创业精神，革除那些束缚农民创业的体制弊端，营造鼓励农民干事业、帮助农民干成事业的社会氛围，激发农民自主创业的潜能。同时，要重视利益机制导向的作用，破除那些限制农民的合法权利和积极性的体制障碍。只有把相信农民和尊重农民利益结合起来，才能收到更好的效果。例如德国制定了保护农民权益的政策、法规和法律，采取了很多保护农民利益的措施，从而充分调动了农民的积极性；韩国政府一方面倡导“勤劳、自助、合作”的精神，培养农民自发、自助、协同的主体意识，另一方面大力发展与农民生活息息相关的项目，改善生活的作用立竿见影，从而调动了农民的积极性和创造性，进而使新村运动最终转变为“民间主导型”的群众运动，使新村运动具有持续发展的生命力。

二是充分发挥农民组织的作用。小农经济与市场经济存在着深刻的矛盾，主要表现在小农的财产分散占有方式与市场经济集中配置资源的矛盾，小农自给自足的消费方式与市场经济要求的普遍交换关系的矛盾、小农的小规模生产方式与市场经济大量、低成本原料供应的矛盾。这些矛盾会导致农业的凋敝、农民的破产和农村的衰落。因此，必须让农民组织起来，使他们通过合作经济组织更好地更大地发挥作用。发达国家的农民组织在推广农业科技、引进先进农业技术、培训农民技能、维护农民权益等方面发挥了不可替代的作用。无论是美国、加拿大的“大农”（家庭农场），还是欧洲和亚洲一些国家的“小农”（农户），都是通过建立合作组织来改变经营地位和环境的。目前我国合作经济组织发展缓慢，这是影响我国农民充分发挥作用和农村经济社会发展的一个重要原因。

三是要完善农村管理民主。村民自治是广大农民直接行使民主权利，依法办理自己的事情，实行自我管理、自我教育、自我服务的一项基本制度。民主选举、民主决策、民主管理和民主监督是村民自治的主要内容。确保农民群众知情权、决策权、参与权和监督权是农民真正拥有民主权利的关键。完善农村管理民主是改善干群关系、促进农村党风廉政建设、推动农村全面发展、建设社会主义和谐社会的需要。在社会主义新农村建设中，农村管理民主的核心是坚持党的领导、农民当家做主和依法办事的有机结合。

当前的主要任务有以下几点：

一是加强对农村劳动力的职业技能培训，解决农村富余劳动力的就业问题。就业是民生之本，农村土地能够容纳的劳动力是有限的，大量的劳动力需要转移出去。这样才能提高农业生产率，增加农村农民和进城农民的收入。实际情况表明，农民务工能力和收入水平与他们的文化程度和技能一般成正比关系。农民由于文化程度和技能低下，进城找工作或者找收入较高的工作比较困难，而城市有些工作又找不到合适的劳动者。因此，发展农村职业技术教育，实施农民培训工程，提高农村劳动力综合素质，是解决农村劳动力转移就业和增加农民收入的治本之策。

二是培育农民的商品意识和创业意识。我国农村长期处在自然经济、半自然经济状态，小农经济的经营方式占统治地位，这种状态与社会化大生产和市场经济发展的要求不相适应，是影响农村发展的根本原因。我国正在实行和建设社会主义市场经济体制，国民的市场经济意识普遍有所提高，但绝大多数农民的市场经济意识相对而言还很淡薄，经营管理和应对市场经济风险的能力还很低，在市场经济发展的条件下还有许多不适应。因此，要采取一切有效措施，造就一代有文化、懂技术、会经营的适应市场经济发展要求的新型职业农民。

三是要全面提高农民的科技文化素质、思想道德素质和健康素质，从根本上改变农民传统的生产方式、生活方式、交往方式、价值观念和精神面貌。这就要求加强农村精神文明建设，加快普及农村义务教育，广泛开展多层次、多形式的技能培训，建立健全农村医疗卫生体系和新型合作医疗制度，使广大农民走向富裕，迈向文明。这是国家实现现代化的根本大计，关系到国家的兴旺发达。

第二节　职业农民应具备的观念与能力

做一个合格的新型职业农民应具备的基本素质如下。

一、新观念

新观念指主体观念、开拓创新观念、法律观念、诚信观念等。

二、新素质

新素质指科技素质、文化素质、道德素质、心理素质、身体素质等。

三、新能力

新能力指发展农业产业化能力、农村工业化能力、合作组织能力、特色农业能力等。

第三章　职业农民的法律素养

在现代社会，公民的权利和自由都要受法律的制约和保护，法律就是“尚方宝剑”。懂了法，就能充分享用法律给予的权利和自由。

许多人曾在这些方面吃过亏：因为不懂法，触犯了法律，让自己的家庭和生活变得一团糟；被人欺负了都不知道到哪里去说理；想私下解决，反而把事情弄得更糟。

出门在外，更要学习、了解法律基本常识，要掌握我国的《宪法》《劳动法》《劳动合同法》《劳动争议调解仲裁法》《治安管理处罚法》《刑法》《婚姻法》等，做个学法、懂法、守法、用法的公民。

第一节　日常生活中需懂得的法律知识

一、《中华人民共和国宪法》

《中华人民共和国宪法》（简称《宪法》）是国家的根本大法。它规定了国家的根本制度和根本任务，具有最高的法律效力。

全国各族人民、一切国家机关和武装力量、各政党和各社会团体、各企业事业组织，都必须以《宪法》为根本的活动准则，并负有维护宪法尊严、保证《宪法》实施的职责。一切法律、行政法规、地方性法规都不得同《宪法》相抵触。制定法律、法规、地方性法规都必须以《宪法》为依据和基础。

二、《中华人民共和国劳动法》

《中华人民共和国劳动法》（简介《劳动法》）；从广义上讲，劳动法是调整劳动关系及与劳动关系密切相关的法律规范的总称。

《劳动法》的内容包括劳动关系的各个方面，涉及就业、劳动合同、集体合同、工作时间和休息休假、工资、劳动安全生产、女职工和未成年工特殊保护、职业培训、社会保险和福利、劳动争议处理等。

《劳动法》的适用范围主要包括：①在中华人民共和国境内的企业、个体经济组织和与之形成劳动关系的劳动者。“个体经济组织”是指雇工在七人以下的个体工商户。②国家机关、事业组织、社会团体和与之建立劳动合同关系的劳动者。包括在上述单位中按规定应实行劳动合同制度的工勤人员，实行企业化管理的事业组织的人员，其他通过劳动合同与国家机关、事业组织、社会团体建立劳动关系的劳动者。③中国境内的用人单位与劳动者之间，只要形成劳动关系，即劳动者事实上已成为企业、个体经济组织的成员，并为其提供有偿劳动的。农民工也是受《劳动法》保护的劳动者。

公务员和比照实行公务员制度的事业组织、社会团体的工作人员，以及农民、现役军人等不适用《劳动法》。

违反《劳动法》，形成危害事实，且有主观上的故意或过失，依法应当承担相应的法律责任。除了《劳动法》，《就业促进法》《劳动合同法》《安全生产法》《职业病防治法》《劳动争议调解仲裁法》《社会保险法》等，都有一章规定了相应的法律责任。《劳动保障监察条例》在法律责任一章，对各种违反劳动法律法规的行为规定了更加具体的法律责任。

《劳动法》作为维护人权、体现人本关怀的一项基本法律，在西方甚至被称为“第二宪法”。一个人或许一辈子都不会接触到《刑法》、《诉讼法》等，但我们无时无刻不在《劳动法》的保护和约束之中。了解基本的《劳动法》知识是必要的、经济的和有效的。

三、《中华人民共和国劳动合同法》

劳动合同，又称劳动契约或劳动协议。《劳动法》第十六条规定：“劳动合同是劳动者与用人单位确立劳动关系、明确双方权利和义务的协议。”

劳动合同签订后，劳动者即成为用人单位的一员，担任一种职务或一定种类工作，完成工作（生产）任务，并遵守所在单位的劳动纪律和规章制度。用人单位则应及时安排劳动者工作，按照劳动的数量和质量支付劳动报酬，并提供符合劳动法规定和劳动合同约定的劳动条件及保险福利等待遇。

《中华人民共和国劳动合同法》（简称《劳动合同法》）中规定了劳动者、用人单位的主要权利和义务，劳动合同的形式、内容和期限，劳动合同的履行、变更与效力，劳动合同的解除、终止与经济补偿，劳务派遣与非全日制用工等。除有针对性地解决不签劳动合同、签短期劳动合同和无节制地大量使用劳务派遣工等问题外，还对劳动合同当事人权利义务做了一些新的规定。劳动合同当事人及相关主体一旦违反《劳动合同法》，将应承担的不利法律后果，主要包括行政责任、民事责任和刑事责任3种。

《劳动合同法》是确定劳动关系的重要法律依据，对此尤其应该认真学习。

四、《中华人民共和国劳动争议调解仲裁法》

《中华人民共和国劳动争议调解仲裁法》（简称《劳动争议调解仲裁法》）是使劳动争议依照程序公正及时处理的专门性法律。它与《劳动法》《劳动合同法》等相互补充，形成劳动争议处理法律制度。

那么，我们什么时候可以使用《劳动争议调解仲裁法》呢？比如我跟工友打架了，这能不能用它呢？答案是否定的。对此，要先弄清楚什么是劳动争议。

劳动争议是指劳动关系当事人之间因享受劳动权利、履行劳动义务产生分歧而发生的争执。

劳动争议的特征包括三点：①当事人一方为用人单位，另一方为劳动者；②劳动者与用人单位存在劳动关系；③争议必须与劳动权利和义务有关。

《劳动争议调解仲裁法》适用于：与劳动者签订劳动合同的企业、国家机关、事业单位、社会团体、民办非企业单位、企业化管理的事业单位及劳动者，劳务派遣和非全日制用工、个人承包经营用工、不具备合法经营资格用工的用工方与劳动者。

争议类型包括以下 6 类：①因确认劳动关系发生的争议；②因订立、履行、变更、解除和终止劳动合同发生的争议；③因除名、辞退和辞职、离职发生的争议；④因工作时间、休息休假、社会保险、福利、培训以及劳动保护发生的争议；⑤因劳动报酬、工伤医疗费、经济补偿或者赔偿金等发生的争议；⑥法律、法规规定的其他劳动争议。

劳动争议发生后，当事人可以通过协商、调解、仲裁和诉讼程序依法解决。

《劳动争议调解仲裁法》加大了对劳动者的保护力度。具体表现为：一是申请仲裁时效延长。将《劳动法》规定的60日仲裁申请时效调整为一年，为劳动者维护权益争取了时间。二是部分仲裁案件实行举证责任倒置。《劳动争议调解仲裁法》明确规定，与争议事项有关的证据属于用人单位掌握管理的，用人单位应当提供；用人单位不提供的，应当承担不利后果。三是劳动者可以申请支付令。仲裁法规定："因支付拖欠劳动报酬、工伤医疗费、经济补偿或者赔偿金事项达成调解协议，用人单位在协议约定期限内不履行的，劳动者可以持调解协议书依法向人民法院申请支付令。人民法院应当依法发出支付令。"这为我们维权提供了又一条新途径。四是特殊案件先行裁决。即对部分事实清楚的案件先行作出裁决，防止劳动者基本生活无着，维护其合法权益。劳动者申请先予执行的，可以不提供担保，体现了法律对弱者的倾斜，有利于缓和劳动关系矛盾。五是仲裁不收费。这极大减轻了我们的经济负担，使我们敢于依法主张自己的权利。

五、《中华人民共和国社会保险法》

狭义的社会保险法指《中华人民共和国社会保险法》（简称《社会保险法》），广义的社会保险法包括全国人大及其常委会、国务院、社会保险事务主管部门颁布的调整社会保险关系的所有法律、法规、规章及其他规范性文件。

社会保险包括养老保险、医疗保险、工伤保险、失业保险和生育保险。

养老保险可以让劳动者在达到国家规定的退休年龄或因年老丧失劳动能力情况下，从国家和社会得到经济收入、物质帮助和服务。我国养老保险制度由城镇职工基本养老制度、企业补充养老保险制度、农村居民养老保险制度和公职人员退休制度组成。

医疗保险是国家可以补偿劳动者因疾病风险造成的经济损失。我国目前的基本医疗保险制度由城镇职工基本医疗保险制度、城镇居民基本医疗保险制度和农村居民新型农村合作医疗制度组成。

工伤保险可以对在生产、工作中遭受意外伤害或患职业病导致暂时或永久性丧失劳动能力的劳动者，以及对职工死亡后无生活来源的近亲属给予物质帮助。工伤保险制度是社会保险制度的重要组成部分，具体可以根据我国《工伤保险条例》办理。

失业是指有劳动能力并有劳动意愿的劳动者得不到劳动机会或就业后又失去工作。失业保险制度是国家对非本人意愿中断就业而失去生活来源的劳动者提供物质帮助和就业服务。我国现行失业保险制度的基本框架由国家制定的《失业保险条例》《社会保险法》等确立。

生育保险是指国家或用人单位对职业妇女因生育而中断劳动期间给予必要生活保障和物质帮助。通过向生育职工提供医疗服务、产假和生育津贴等方面的待遇，使她们因生育而暂时中断劳动时的基本经济收入和医疗需求得到保障。我国现行城镇职工生育保险制度框架主要由国家制定的《女职工劳动保护特别规定》《企业职工生育保险试行办法》和《社会保险法》确立。

六、《中华人民共和国婚姻法》

《中华人民共和国婚姻法》（简称《婚姻法》）是调整婚姻家庭关系的基本准则。它调整的范围既包括婚姻关系，又包括家庭关系；既有婚姻家庭关系的发生、变更和终止，也有婚姻家庭关系主体间的权利和义务。

有关婚姻家庭的法律规范包括我国制定的《婚姻法》《收

养法》《继承法》《婚姻登记条例》等。此外，我国的《宪法》《妇女权益保障法》《未成年人保护法》《老年人权益保障法》《民法通则》等法律、法规也规定有婚姻家庭关系方面的内容。

我国目前施行的《中华人民共和国婚姻法》这部法对我国公民的婚姻原则、结婚年龄、夫妻之间的权利与义务、父母与子女之间的关系，以及离婚原则、离婚后子女的抚养、救助措施等问题，都做了明确规定。

我国《婚姻法》的基本原则主要有①婚姻自由：无论是结婚还是离婚，均不受任何人的强迫和干涉。②一夫一妻：一个人只能有一个配偶，任何人，不论其地位高低、财产多少，都不得同时拥有两个或两个以上的配偶。任何已婚者，在其配偶死亡或者与配偶离婚以前，都不得再行结婚。③男女平等：指男女在婚姻家庭中享有平等的权利，负担平等的义务。④保护妇女、儿童和老人的合法权益：体现了法律保护弱者、昭示公平的特点。

《婚姻法》是人们在婚姻、家庭关系各个方面必须遵循的准则。

七、《中华人民共和国治安管理处罚法》和《中华人民共和国刑法》

《中华人民共和国刑法》（简称《刑法》）是规定哪些行为是犯法、犯罪行为的具体刑事责任以及犯罪应受到的刑法处罚的法律。

《中华人民共和国治安管理处罚法》（简称《治安管理处罚法》）是我国规定哪些行为是违反治安管理以及对这些行为如何处罚的法律。

学习这些法律，也是进行自我保护的一个方面。否则，找不到合法的工作，挣不到钱，还要交罚款，而且还可能触犯了法律。

下面这个例子，就是由于不懂法带来的后果。

蔡某来到城市，找了个电器修理店干活。老板为了招揽生意，经常让他在夜间到大街上喷涂、张贴小广告。本来以为自己一不偷，二不抢，认真工作多赚钱，不料有一天被市容监察人员抓住了，公安部门以妨害社会管理秩序，依法对其进行了行政拘留。

这是因为在公众场合随意喷涂、张贴、散发小广告是违法行为。小广告没经过广告审查机关的审查批准，没有工商部门核准的广告批号，属非法广告。小广告有很多不实的宣传在里面，有很大的误导性，危害很大。另外，它还污染、影响市容，破坏城市环境，是城市“牛皮癣”。

八、《中华人民共和国工会法》

工会是职工自愿结合的工人阶级的群众组织。工会的基本职责是维护职工合法权益。

《中华人民共和国工会法》（简称《工会法》）是调整工会与政府、工会与用人单位、工会与会员和职工以及工会与其他组织关系的法律规范的总称。

凡在中国境内的企业、事业单位、机关和其他社会组织中，以工资收入为主要生活来源或者与用人单位建立劳动关系的体力劳动者和脑力劳动者，不分民族、种族、性别、职业、宗教信仰、教育程度，承认工会章程，都可以加入工会，成为会员。任何组织和个人不得阻挠和限制。

这里所说的“参加工会”，是指劳动者依法申请加入已经成立于用人单位里的基层工会或者这些单位之外的基层工会联合会；而“组织工会”，是指劳动者可以依法在尚未建立工会组织的用人单位里组建基层工会或者可以在这些单位之外联合组建基层工会。根据我国《劳动合同法》第六十四条的规定，被派遣劳动者有权在劳务派遣单位或者用工单位依法参加或者组织工会，维护自身的合法权益。

九、掌握基本的劳动权益法律法规

我国促进就业的法律法规制定有《就业促进法》《国务院关于做好促进就业的通知》《禁止使用童工规定》《进一步完善公共就业服务体系有关问题的通知》《关于做好农民进城务工就业管理和服务工作的通知》等。

我国职业培训与考核方面的法律法规制定有《职业教育法》《职业技能鉴定规定》《职业资格证书规定》《企业职工培训规定》《关于进一步做好职业培训工作的意见》等。

劳动合同方面的法律法规，我国制定了《劳动合同法》《劳动合同法实施条例》《全国人民代表大会常务委员会关于修改〈中华人民共和国劳动合同法〉的决定》《企业经济性裁减人员规定》《关于加强建设等行业农民工劳动合同管理的通知》《关于确立劳动关系有关事项的通知》等。

集体合同方面的规定，我国制定了《集体合同规定》《关于开展区域性行业性集体协商工作的意见》等。

关于工作时间与休息、休假方面的法律法规，我国有《国务院关于职工工作时间的规定》《劳动部贯彻〈国务院关于职工工作时间的规定〉的实施办法》《全国年节及纪念日放假办法》《职工带薪年休假条例》《关于职工全年月平均工作时间和工资折算问题的通知》等。

工资及其支付方面的法律法规，我国有《最低工资规定》《工资支付暂行规定》《关于工资总额组成的规定》《工资集体协商试行办法》《关于切实解决建筑业企业农民工工资问题的通知》《最高人民法院关于审理拒不支付劳动报酬刑事案件适用法律若干问题的解释》等。

劳动安全生产与保护方面的法律法规，我国有《安全生产法》《矿山安全法》《职业病防治法》《禁止使用童工规定》《未成年工特殊保护规定》《女职工劳动保护特别规定》《职业病诊断与鉴定管理办法》等。

工伤及相关待遇方面的法律法规，我国有《工伤保险条例》《工伤认定办法》《因工死亡职工供养亲属范围规定》《非法用工单位伤亡人员一次性赔偿办法》等。

关于解决劳动纠纷方面的法律法规，我国制定了《劳动争议调解仲裁法》《法律援助条例》《劳动人事争议仲裁组织规则》《劳动人事争议仲裁办案规则》《最高人民法院关于审理劳动争议案件适用法律若干问题的解释》（目前已经出台了4个）等。

工会组织、有关部门对农民工权益的保护方面的法律法规，我国有《工会参与劳动争议处理试行办法》《工会参加平等协商和签订集体合同试行办法》《工会劳动法律监督试行办法》《工会劳动保护监督检查员管理办法》等。

第二节　增强民主法制意识

新农村建设是一项系统工程，各个方面既相互促进又相互制约，培养农民的民主法制意识，对新农村建设是一个有力的支持。大力开展农民的民主法制教育，不仅是发展农村经济、推进农村各项事业改革的客观需要，同时也是保证新农村基层民主法治建设的基础。

一、民主意识

社会主义新农村建设的一项重要任务就是实现“管理民主”，这是新农村建设的政治保证，同时也体现了党和国家对农民群众参与各项事务管理的重视。要真正实现“管理民主”，最基础的工作也是首要的任务就是对农民进行民主意识教育。

所谓民主意识，主要是指公民为维护民主权利、保护合法利益而具有的自己当家做主，管理国家、集体和公共事务的思想观念。民主意识的有无以及强弱在很大程度上制约和决定着民主发展的实际水平。首先，培养农民民主意识是新农村建设的重要内容。社会主义新农村建设是涉及农村各个方面建设的一个系统工程，其中一个重要目标就是管理民主，即农民有平等地参与新农村建设的各项社会事务管理的权利。培养农民民主意识是社会主义民主政治建设的基础性工作，是社会主义新农村建设的重要内容。只有培养农民科学的民主意识，才能提高农民的综合素质，提高他们建设社会主义新农村的积极性，才能为新农村建设培养合格的人才。其次，培养农民民主意识是新农村建设的本质要求。建设社会主义新农村是新一代领导集体为解决农业、农村、农民问题，统筹城乡发展和全面建设小康社会而作出的重大战略举措，是全面贯彻科学发展观的必然要求。建设社会主义新农村的目的是为了改变落后的农村生产状况，提高人民的生活水平。社会主义新农村既是一种适应生产力发展的经济制度，同时又是一种人民群众当家做主的政治制度。我国大部分地区的农民参与社会管理事务的积极性不高，究其原因主要是缺乏民主意识。从新农村建设的本质要求上来看，必须加强农民民主意识的培养，不断提高和完善农村基层民主政治，推动新农村建设快速、均衡地发展。再次，培养农民民主意识有利于发挥农民的主体性。所谓主体性是指主体在与客体的关系中所表现出来的自觉能动性。马克思主义认为，主体是在实践中认识世界、改造世界的人，人的能动性、创造性就是人的主体性，它是在实践中形成的。新农村是农民自己的家园，农民是新农村建设的主体。只有农民民主意识的提高，才能最大程度发挥农民建设新农村的积极性与创造性。新农村建设需要新型农民，新型农民是新农村建设的主体，新型农民不仅仅是具备一定的知识和技能的人，而较高的民主意识也是新型农民所必须具备的特征之一。

二、法制意识

法律是现代社会一切正常生活的基础。它包括人们对法的本质和作用的看法，对现行法律法规的理解、要求和态度，对法律权利和义务的看法以及对人们的行为是否合法的评价，等等。在中国社会逐渐走向法制化的今天，法制系统要求公民按照现代的法律观念以及法制原则去行动。然而在广大农村，很多农民的行为处事还仅仅依据传统办事，这不仅影响着农民的思维方式，更是制约着农民的行为选择。

新农村建设能不能成功，农民法制意识的培养至关重要。法律取代传统，对农民进行法制教育势在必行。

（一）加强对农民的普法教育

普法教育“不仅是一个乡土社会的地方性知识扩充（量的意义）与更新（质的意义）的过程，更是一个乡土社会的地方性知识回应国家灌输的法治知识形成新的社会规则的过程”。首先，根据农村的实际情况，加大民事、行政法律法规的宣传教育。随着社会、经济的迅速发展，农民活动涉及民事、行政法律法规的逐渐增多，所以对农民的普法教育要转变观念，分出重点，根据农村实际情况的变化，及时调整法律宣传的内容，以确保农民在人身、财产等各个方面的正当权益不受侵犯。其次，要加强对农村干部的法律培训，提高农村干部的法律意识，增强农村干部的法治观念。通过对农村干部的法律培训，使其增强依法解决农村热点、难点的问题意识，提高普法工作的效率。通过建立健全符合新农村发展的村民自治章程和各项村级事务管理制度，使农村各项事业逐步走上规范化、法治化轨道，从而使农民群众切身感受到依法治理的实际效果，更加支持农村各项法律制度的推进与完善，使新农村建设在村党组织的领导下充满活力。最后，要组织开展“送法下乡”等活动，深入到农民群众中传播法律知识。当然，“送法下乡”活动除了选择农民群众最喜爱、最容易接受的宣教方式，诸如广播喇叭、黑板报、宣传栏等，使农民群众在潜移默化中提升法律意识，在寓教于乐中增强法制观念以外，更需要让法律贴近农民生活的实际需要，也就是法律系统在追求自身合理性的同时，还应追求现实的合理性，即法律原则、程序及由此产生的结果，与现实社会的基本期望要达到一定的均衡或者一致。如果法律背离了具体的生活实际，背离了广大农民的实际需求，那么实现中国法制化的理想目标就是空中楼阁。当然，农村的普法教育要与农村的执法结合起来，要紧密结合农村的实际，让农民真正感觉到法律的震慑力和严肃性，而不是可有可无的游戏规则。总之，通过加强对农民的普法教育，使农民能正确地认识到法律在自己生活中的重要性，从而能够正确地运用法律，理性解决自己生产和生活中的各种矛盾。

（二）提高农民的法律意识

法律意识是人们关于法律现象的思想观点、知识和心理的总称。它一方面意味着公民能够发自内心的认同和尊重国家宪法和法律的权威，并以此为自己行为的准则，自觉遵守法律；另一方面，还意味着公民能从平等的观念出发，要求他人和各类公共机关也遵守法律的共同约定，在法律的范围内行事。法律意识的具备表明一个公民在正确处理自身与社会关系上的成熟。对于农民来讲，具备法律意识不仅仅停留在对道德和法律知识的简单记忆与背诵的层面上，而是应该将其真正内化为自己遵循的准则，这是农村法制秩序得以建立的基础。但是，在一定程度上，我国广大农村仍旧是血缘、亲情基础上的社会，农村习惯经常取代国家法律成为处理纠纷的标准，有人把这种现象归结为血缘关系基础上的“熟人社会”特征。因此，培养和提高农民的法律自觉意识，而不是把自己仅仅看作是装载法律知识的容器，那么农民就能告别陋习和愚昧，形成科学理性的处事方式。在新农村建设中，这不仅体现了农民群众的愿望和要求，符合农民的根本利益，而且还能使农民群众把对乡规民约的遵循与国家法律有机结合起来。

（三）培养农民的法律习惯

农民法律习惯的缺乏不仅严重影响其法律意识的增强，而且影响其行为。事实上，农民往往依赖于各类权威的维权活动模式，而不选择现代法律裁决方式。“有邻里纠纷时，37.7％的村民选择找村干部解决或人民调解员解决，34％的村民选择找村里有威信的人解决，忍气吞声的人占22.6％，选择打官司的人仅占14.2％。”由此看出，司法在农民的纠纷解决方式中所占比例还较低，政府或人民调解员调解仍是农民解决纠纷的最主要方式。在新农村建设过程中，全面实行法治，将现代法律信仰、法治精神的培育作为重要环节，培养农民的法律习惯就成为重要的内容。培养农民的法律习惯，使农民借助法律制度维护权利、履行法定义务、实现自己的利益，是新农村建设中提高农民法律素质的重要任务。只有培养农民法律的习惯，农民才会变书本上的法为现实中的法，消除对农村法制的认知障碍，才会真正维护自己的合法权益，享受法律带来的实实在在的利益。当然，法律习惯的培养“不是依靠外在强制力的压制而形成的，它是一个自发的潜移默化的过程，或者说是在一系列日常社会活动、经验、感受之中而达到的皈依”。它必须在实际的法律运作过程中，在相关行为主体真切地感受到法律带给他们的实效，并对法律产生信任和依赖心理的过程中逐步成长起来，这是一个长期的、逐渐变化的过程。只有农民在其长期的日常生产生活中一直都能感受到法律所带给他们的利益和权利，而不是法律的朝令夕改或因人而异等经常出现不稳定的情况，人们才能在长期的信任和信赖的心理作用下逐渐产生健康的法律意识，进而自觉遵从法律规范和维护法律秩序，养成法律习惯。

三、公民意识

公民意识是一个复杂的概念，它是指社会成员对公民资格及其价值的承认，对国家主体地位的确认，是现代社会成员对其公民角色及其价值理想的自觉反映。历史地来考察，公民意识是伴随着公民的产生而产生的。“公民”原本是西方文明的产物。“公民”一词最早出现在古希腊城邦，是身份和权利的象征。公民拥有平等的政治权利，踊跃投身于政治和社会生活，才能推动城邦的繁荣与和谐。因此在西方国家，“公民”首先是作为一个权利与义务相统一的范畴而出现的，它和“自由、平等、博爱”等精神联系在一起。

具体来讲，社会主义新农村建设中对农民进行公民意识教育主要包括以下几个方面。

（一）权利义务意识

权利义务意识是指公民对《宪法》和法律所规定的权利与义务的认同。从国家角度来讲，提高公民的权利义务意识，畅通政治参与的渠道，尊重和保障广大人民群众的根本利益，培养良好的公民权利义务与责任意识，是我们建设民主法治国家所必须的。权利义务意识是农民主人翁精神产生的最基本基础，它是新农村建设不枯竭的动力源泉。马克思曾经指出：“没有无义务的权利，也没有无权利的义务。”权利与义务从来都是对等的，因为没有义务的权利只能是特权，而没有权利的义务只能是奴役。在新农村建设中，既应充分尊重农民的权益、需求、意愿与价值，凸显其真正享有《宪法》与法律规定的各项权利，也应强调其必须履行《宪法》与法律规定的各项义务。如果只是一味地享有权利而不承担义务，不仅有愧于公民的称号，而且也是对自己的不负责任，最终连自己该享有的权利都会失去保障。一个健康而有序的公民社会，不仅是一个凸显公民价值与权利的民主社会，更应该是一个倡导公民参与意识、责任意识的社会。长期以来，我国农民缺乏权利义务意识，这是多种因素综合作用的结果。作为国家来讲，并不是没有为农民留下伸张权利、承担义务的位置，而是农民本身的脆弱性以及民主法制意识的淡漠，使其还不能自觉地意识到自己是国家权利义务主体的一部分，而不被意识到的权利义务，是无助于农民实现当家做主的，无助于农民向公民的转变。因此，新农村建设中要着力培养提高农民的权利义务意识教育。

（二）公共责任意识

如果说男耕女织、自给自足的小农生产方式养育了封闭、自我的生活态度，那么现代社会呼唤的则是公民的公共责任意识。公共责任意识作为公民在生活中应该具备的基本责任，处理的是个人与群体之间的关系，它是一个社会进步与文明的体现。在新农村建设中，公民的公共责任意识就是指消除农民思想观念深处的偏见与自私性的一面，把集体的事情、公共的利益置于自身狭小的个体利益之上。“我为人人，人人为我”的公共责任取向只有真正内化为每个公民的实际行动，使之正确认识到自己只是集体的一分子，自己有理由承担对社会的责任与奉献，那么，这种参与、担当精神就是现代文明生活的价值和行为支撑，它能够调动农民的积极性并使农民参与到与本村有关的公共服务、共同事务的管理与建设之中。比如，新农村建设中，要实现“村容整洁”的目标，就首先需要改善农村的道路状况，合理规划村庄建设，而当这些与农民自身的利益有冲突时，自身狭隘的利益应该让渡集体，因为集体利益的实现有助于自身利益的实现。同时，农民的公共责任意识，也有助于对基层权力组织实行很好的监督，以对其错误行为进行纠正，进而使新农村建设走合法有序的道路。总之，只有明确了农民的责任意识，农民才能将自身融入到公共生活中去，关心新农村建设的发展及未来并为之做出应有的贡献。反之，离开了公共责任意识，不管是经济的运行，政治的整合，还是管理的决策等都会背离现代化的发展。

（三）规则契约意识

规则契约意识不仅是规范社会秩序的需要，同时也是保障公民的权利与自由的诉求。它既体现为民众对法律和各种公认准则的遵从，也体现为公民平等意识的觉醒，他们有要求各类公共机关也遵守法律的共同约定并在法律范围内行事的权利。从此意义上讲，规则契约意识是现代公民素质中不可或缺的组成部分，它也是中国农村从“无法”却有秩序的“礼治”社会向现代意义上的“法治”社会转型的基础。在新农村建设中，大多数农民都能够遵纪守法，但乡风乡俗和“熟人社会”的运行逻辑依然影响着农民认识问题的角度以及对行为方式的选择。培养农民的规则契约意识，一方面，就是要使农民逐渐走出“熟人社会”与身份社会——一种栖身于血缘关系、地缘关系和亲缘关系的非理性状态。当规则契约占据主导，人情关系处于从属地位时，农民才是社会之公民，整个社会才是一个理性的社会。另一方面，宣传农民和基层精英对于违反规则者有进行批评与监督的权利。现代社会的发展，各种不同的规则可能在乡村中被运用，但同时基层政府或权利运用者根据利益的变化采取不同的形式处理事务时，违反规则与契约的情形就会时有发生。因此，农民对规则契约意识的养成有助于他们很好地行使自己的权利，并通过合法手段和程序维护自身的权益；农民规则对契约意识的养成也有助于他们对领导干部进行监督，对其错误行为进行纠正，以此推动现代公共规则在农民共同体中制度化的发展。

总之，通过对农民进行民主和法制教育，以先进的理论为指导，树立健康、积极、向上的社会主义新乡风、新民俗、新思想、新风尚，为社会主义新农村建设的发展营造和谐良好的社会氛围。

第三节　农民专业合作社相关知识

一、为什么要发展农民专业合作社

我国市场经济体制确立后，家庭联产承包经营的农民成为市场主体，如何解决一家一户的农民进入市场问题，是我们现在农村经济发展面临着亟待解决的重大课题。由于受我国传统合作化失败的影响，现在很多人把家庭承包经营与农民合作化对立起来。有的认为稳定家庭承包经营，就不能谈农民合作，农村推行合作化就会动摇家庭承包经营；有的认为农村家庭承包经营已经不适应农业现代化发展要求，要求用合作化代替家庭承包经营。这两种对立观点，都不符合我国农村经济发展实际情况。动摇家庭承包经营，就会违背农民的意愿，破坏农民生产积极性，家庭承包经营是中国农民的历史选择，是被实践证明了的，是党在农村政策的基石。农民不走合作化，一家一户的农民就不能适应市场经济的发展要求，小生产和大市场的矛盾就无法解决，农民不走合作化，农业专业化生产就很难提高，农民就很难增收，农业现代化就不会实现。农民专业合作社的优越性体现在以下几个方面。

（1）是市场主体的一种补充形式，农民可以有效组织起来建企业，按产业化发展模式发展自身。

（2）有利于农业生产的规模化发展。

（3）有利于提高农业标准化生产水平，产品直接参与国际竞争。

（4）有利于提升产业化水平，减少成本，减少中间环节。

（5）有利于品牌化经营，拓展销路。

（6）有利于提高农民素质。

（7）有利于政府对农业的投资方式，把补贴直接兑现到农户，以后不再对产业化当中的企业进行补贴。财政部每年拿出2亿元对农民专业合作社进行补贴，省、市、县还要拿出配套资金用于合作社的扶持。中央和地方应当分别安排资金，支持合作社开展信息、培训、农产品质量标准与认证、农业生产基础设施建设、市场营销和技术推广等服务。

二、建立农民专业合作社是当前农村经营体制的迫切需求

（1）以家庭承包经营为基础，统分结合的农村经营体制是我国农村的基本生产关系。家庭承包经营这一生产组织形式符合中国农业自身特点，能够调动起广大农民的生产积极性，应长期坚持不能动摇，但家庭承包经营在社会主义市场经济体制下存在如下问题：

一是一家一户分散经营的小生产和千变万化的社会大市场的矛盾。二是一家一户农民作为市场主体同高度组织化的企业主体是不平等的，农民在交易中处于被动地位。三是一家一户分散经营使生产的农产品专业化水平低，农产品在市场竞争中处于劣势。四是一家一户分散经营很难使科技和良种结合起来。五是一家一户分散经营的农民无力加工农产品，分享农产品增加收入等。

村乡集体经济组织是双层经营体制的“统”的层次，主要是解决分散经营农户解决不了的问题。但由于长期以来村集体经济组织仍然存在人民公社体制的弊端，大量事实表明，现在的村集体经济组织更多的是起到行政职能作用，没有独立的经济法人地位，无力为农户家庭经营发展服务。

（2）农业产业化（公司＋农户）形式是带动农业发展的重要组织形式，但实践证明这一模式还存在诸多问题。

一是公司和农户同是市场主体，公司和农户的市场主体地位是不平等的。二是公司的性质是追求市场利润最大化，农户市场是公司追求利润的重要组成部分，农户很难分享到社会化的平均利润。三是公司＋农户形式组织农民成本高（连接千家万户公司将付出较大成本），市场竞争由于成本过高而处于劣势，直至被淘汰。四是公司＋农户缺少利益关联度，合同很难执行，农产品涨价农民惜售，农产品降价，公司不收或因收购成本高而失去竞争能力；大多数公司目前很少与农民签订合同，农民还是自主种植，缺乏计划性，农户承担的风险较大。五是公司确定农户农产品价格一般是与农民传统农产品价格比较，“以不低于”来确定合同价格，只解决了农户卖难问题，没有解决农民增收问题。

另外，国家产业化龙头企业是依靠政策扶持的，而不是依靠市场形成的，政策扶持一定时期结束之后，就是企业困难之时，农民增收和农业发展问题仍难以解决。

上述农村经济体制和经营体制存在的问题，是关心农村经济发展的各级党委和政府急需要解决的问题。那么如何解决农村经济发展中出现的矛盾呢？要深化改革，把农民改革的积极性调动起来，让农民这一弱势群体走向联合与合作，培育新的市场主体，使农民成为企业的利益主体和风险主体，依靠农民自己的力量建立多种相互促进，又能统一的社会化合作服务体系，做到农民之间联合互助依靠集体的力量带动家庭经济的发展。

三、农民专业合作社登记管理条例对设立登记制的规定

为了确保农民专业合作社真正成为农民自己主导的合作经济组织，依照我国《农民专业合作社法》的有关规定，对农民专业合作社设立登记作了以下几个方面的规定。

一是规定了提交的文件：①设立登记申请书；②全体设立人签名、盖章的设立大会纪要；③全体设立人签名、盖章的章程；④法定代表人、理事的任职文件和身份证明；⑤载明成员的姓名或者名称、出资方式、出资额以及成员出资总额，并经全体出资成员签名、盖章予以确认的出资清单；⑥载明成员的姓名或者名称、公民身份证号码或者登记证书号码和住所的成员名册，以及成员身份证明；⑦能够证明合作社对其住所享有使用权的住所使用证明；⑧全体设立人指定代表或者委托代理人的证明。农民专业合作社的业务范围有属于法律、行政法规或者国务院规定在登记前须经批准的项目的，还应当提交有关批准文件。

二是规定了出资方式和评估方式。农民专业合作社成员可以用货币出资，也可以用实物、知识产权等能够用货币估价并可以依法转让的非货币财产作价出资。成员以非货币财产出资的，由全体成员评估作价。成员不得以劳务、信用、自然人姓名、商誉、特许经营权或者设定担保的财产等作价出资。

三是规定了成员的条件。具有民事行为能力的公民，以及从事与农民专业合作社业务直接有关的生产经营活动的企业、事业单位或者社会团体，能够利用合作社提供的服务，承认并遵守合作社章程，履行章程规定的入社手续的，可以成为农民专业合作社的成员。但是，具有管理公共事务职能的单位不得

加入农民专业合作社。

四是规定了成员的数量以及农民成员和企事业单位、社会团体成员所占的比例。农民专业合作社应当有 5 名以上的成员，其中农民至少应当占成员总数的 80%。成员总数 20 人以下的，可以有 1 个企业、事业单位或者社会团体成员；成员总数超过 20 人的，企业、事业单位和社会团体成员不得超过成员总数的 5%。

五是对成员身份证明做了具体规定。农民专业合作社的成员为农民的，成员身份证明为农业人口户口簿；无农业人口户口簿的，成员身份证明为居民身份证和土地承包经营权证或者村民委员会（居民委员会）出具的身份证明。农民专业合作社的成员不属于农民的，成员身份证明为居民身份证。合作社的成员为企业、事业单位或者社会团体的，成员单位应提供企业法人营业执照或者其他登记证书。

六是规定了设立登记的程序。申请人提交的登记申请材料齐全、符合法定形式，登记机关能够当场登记的，应予当场登记，发给营业执照。对不能当场登记的，登记机关应当自受理申请之日起 20 日内，作出是否登记的决定。予以登记的，发给营业执照；不予登记的，应当给予书面答复，并说明理由。

第四节　农产品质量安全

农产品安全来自于食物安全，国际营养大会上定义食物安全为“在任何时候人人都可以获得安全营养的食物来维持健康能动的生活”。农产品质量安全含义为：食物应当无毒无害，不能对人体造成任何危害，也就是说，食物必须保证不致人患病，或慢性疾病，或者潜在危害。

一、现阶段农产品质量安全水平

有机农产品：有机农产品所强调的是有机农业的产物，通常是指来自于有机农业生产体系，根据国际有机农业生产要求和相应的标准生产的，并通过独立的有机食品认证机构认证的农产品。

绿色农产品：绿色农产品是遵循可持续发展原则，按照特定生产方式生产，经专门机构认定，许可使用绿色食品商标标志的无污染的安全、优质、营养类食品。绿色农产品分A级和AA级。

无公害农产品：无公害农产品是指产地环境、生产过程和产品质量符合国家有关标准和规范的要求，经认证合格获得认证证书，并允许使用无公害农产品标志的未经加工或者加工的安全、优质、面向大众消费的农产品。

二、我国农产品质量安全问题

我国目前农产品质量安全存在的主要问题如下：①化肥农药等残留污染问题越来越严重；②食物加工中乱加化学添加剂，导致全国食物中毒现象日益严重；③食物健康污染问题变得愈来愈严重、难控制；④农产品及其加工产品出口面临挑战。

三、影响农产品质量安全的因素

（一）生产环境的污染

生产环境污染主要来源于产地环境的土壤、空气和水。

农产品在生产过程中造成污染，主要表现为过量使用农药、兽药、添加剂和违禁药物造成的有毒有害物质残留超标。

（二）遭受有害生物入侵的污染

有害生物入侵污染是指农产品在种（养）殖过程中遭受致病性细菌、病毒和毒素入侵的污染。

（三）人为因素导致的污染

农产品收获或加工过程中混入有毒有害物质，导致农产品受到污染。

四、农产品质量安全保障与对策

（一）农产品质量安全生产的内部保障

（1）激发生产企业内在动力：农产品生产企业按照无公害农产品质量标准组织生产的积极性是保障产品质量安全的前提。

（2）产地环境管理：农产品产地环境质量包括空气环境、土壤环境和水环境等。无论是无公害农产品还是绿色农产品的生产，产地环境建设都是保证农产品质量安全首先要考虑的问题。

（3）投入物的使用管理：农业生产系统的质量管理不仅体现在生产中，还需要向前延伸紧密结合投入物的质量监控，才能为产后环节提供良好的起点。

（4）开展良好农业规范（Good Agriculture Practices，缩写为 GAP）认证工作。

（二）农产品质量安全供给的外部保障

（1）制度环境建设：建立一个良好的制度环境是保障农产品质量安全的前提，农产品质量安全生产环节的内部管理和发展，必须与外部相关制度环境相适应。

（2）市场环境建设：要充分考虑农产品生产和经营者过于分散的现实特点，一方面通过各种专业组织形式加强生产环节的联合与协作，另一方面通过非正式组织渠道使小生产者联合起来组建小企业集群，增强交易信息透明度，减少交易费用，缓解农产品小生产和大市场的矛盾，并创建一个易于规范的农产品市场交易主体环境。

（3）监管体系建设：监管体系的建设纵向涉及国家、省（部）和地方各级机构建设，横向涉及环保、质检及工商等多部门分工和协作。

（4）建立食用农产品风险补偿机制：补偿制度是处理紧急疫情的有效保障，第一，要通过评估部门计算出产品成本和建议补偿额度。第二，要根据养殖场（厂）内部防疫管理工作制度和工作记录分析质量责任大小，确定政府和企业承担损失的比例。第三，要处理好养殖户和经销户的损失补偿关系。第四，要确定政府补偿经费的来源是保证补偿制度顺利实施的关键，要研究中央政府和地方政府对补偿经费的负担水平，确保补偿到位。

（三）农产品质量安全保障对策

进一步完善法律体系，增强依法监管的力度。

推广标准化生产，确保农产品安全。

构建长效机制，提高监管实效。

强化宣传教育，提高安全意识。

五、农产品质量安全的相关法律法规

（一）农产品产地环境管理方面的法律法规

农产品产地是影响农产品质量安全的重要源头。多年来，工业“三废”和城市垃圾的不合理排放、农产品种养殖过程中投入品的不合理使用、产地自身的重金属状况等，都可能给部分农业用地、畜牧生产环境、渔业水域环境造成污染。为此，我国制定了大量的环境保护和管理方面的法律法规。在《中华人民共和国农产品质量安全法》（以下简称《农产品质量安全法》）中，专门设置单独一章来规范农产品质量安全产地监管。农业部还颁布了《农产品产地安全管理办法》，并作为《农产品质量安全法》的配套规章。相关的法律法规见表 3-1。

表 3-1　与农产品产地环境管理相关的法律法规

法律法规	主要内容
《农产品质量安全法》	主要包括产地安全管理、基地建设、产地要求、产地保护规定防止投入品污染等 5 个具体条款
《农产品产地安全管理办法》	主要从产地监测与评价、禁止生产区划定与调整、产地保护和监督检查等方面作出了规定
《中华人民共和国农业法》	主要规定了农业生产经营组织和农业劳动者应当保养土地，合理使用化肥、农药，增加使用有机肥料，提高地力，防止土地的污染、破坏和地力衰退
《中华人民共和国渔业法》	主要是对渔业资源的保护、增殖、开发和合理利用，发展人工养殖等方面作出了规定
《中华人民共和国畜牧法》	主要从畜禽养殖环境方面进行了规定
《中华人民共和国环境保护法》	主要对环境监督管理、保护和改善环境、防止环境污染和其他公害等进行了规定
《中华人民共和国水污染防治法》	主要是有关水环境质量标准制定、污染物排放总量、防止水污染、罚则等方面的规定
《中华人民共和国清洁生产促进法》	主要从清洁生产的推行，清洁生产的实施、鼓励措施及法律责任等方面作出了规定

（二）农产品质量安全标准方面的法律法规

国家颁布的《中华人民共和国标准化法》（以下简称《标准化法》）和国务院颁布的《标准化法实施条例》是目前我国制定各项标准的基本法律依据。此外，《农产品质量安全法》《中华人民共和国食品卫生法》（以下简称《食品卫生法》）和

《兽药管理条例》又针对各行业及其产品管理的特殊性做了例外的规定。《标准化法》和《标准化法实施条例》确立了以国家标准为主体，行业标准、地方标准和企业标准配套的标准体系，以及标准化主管部门统一管理和行业管理部门分工负责的标准制定、实施与监督管理体制。《农产品质量安全法》《食品卫生法》和《兽药管理条例》确立了相关行业以国家标准为主体，行业管理部门统一负责实施的管理体制。《农产品质量安全法》第十一条规定，国家建立健全农产品质量安全标准体系。

六、农产品质量安全监督管理方面的法律法规

农产品质量安全监督管理主要涉及我国的《农产品质量安全法》《产品质量法》《食品卫生法》《药品管理法》等现行法律。

（一）监督抽查与结果公告制度

《农产品质量安全法》第三十四条规定，国家建立农产品质量安全监测制度。县级以上人民政府农业行政主管部门应当按照保障农产品质量安全的要求，制订并组织实施农产品质量安全监测计划，对生产中或者市场上销售的农产品进行监督抽查。监督抽查结果由国务院农业行政主管部门或者省、自治区、直辖市人民政府农业行政主管部门按照权限予以公布。监督抽查检测应当委托符合《农产品质量安全法》第三十五条规定条件的农产品质量安全检测机构进行，不得向被抽查人收取费用，抽取的样品不得超过国务院农业行政主管部门规定的数量。上级农业行政主管部门监督抽查的农产品，下级农业行政主管部门不得另行重复抽查。

《产品质量法》第十五条规定，国家对产品质量实行以抽查为主要方式的监督检查制度，对可能危及人体健康和人身、

财产安全的产品，影响国计民生的重要工业产品以及消费者、有关组织反映有质量问题的产品进行抽查；抽查的样品应当在市场上或者企业成品仓库内的待销产品中随机抽取。监督抽查工作由县级以上产品质量监督部门组织实施。国家监督抽查的产品，地方不得另行重复抽查；上级监督抽查的产品，下级不得另行重复抽查。根据监督抽查的需要，可以对产品进行检验；检验抽取样品的数量不得超过检验的合理需要，不得向被检查人收取检验费用；法律对产品质量的监督检查另有规定的，依照有关法律的规定执行。

关于抽查结果的公布，《产品质量法》第二十四条规定，国务院和省级产品质量监督部门应当定期发布其监督抽查的产品的质量状况公告。

（二）产品质量检验机构资质要求

《农产品质量安全法》第三十五条规定，农产品质量安全检测应当充分利用现有的符合条件的检测机构。从事农产品质量安全检测的机构必须具备相应的检测条件和能力，由省级以上人民政府农业行政主管部门或者其授权的部门考核合格。具体办法由国务院农业行政主管部门制定。农产品质量安全检测机构应当依法经计量认证合格。《产品质量法》第十九条、第二十条规定，承担产品质量检验工作的检验机构必须具备相应的检测条件和能力，并经省级以上人民政府产品质量监督部门或者其授权的部门考核合格，方可承担相应工作；从事产品质量检验、认证的社会中介机构必须依法设立，不得与行政机关和其他国家机关存在隶属关系或者其他利益关系。同时，《产品质量法》针对某些特殊产品的质量检验机构做了除外规定，“法律、行政法规对产品质量检验机构另有规定的，依照有关法律、行政法规的规定执行”。

与之相应，《食品卫生法》第三十六条规定，国务院和省级卫生行政部门可以根据需要确定具备条件的单位作为食品卫生检验单位，进行食品卫生检验并出具检验报告，即承担食品和药品检验工作的机构可以由主管部门设置或者确定。

（三）监督抽查复检制度

《农产品质量安全法》第三十六条规定，农产品生产者、销售者对监督抽查检测结果有异议的，可以自收到检测结果之日起 5 日内，向组织实施农产品质量安全监督抽查的农业行政主管部门或者其上级农业行政主管部门申请复检。采用国务院农业行政主管部门会同有关部门认定的快速检测方法进行农产品质量安全监督抽查检测，被抽查人对检测结果有异议的，可以自收到检测结果时起 4 小时内申请复检。复检不得采用快速检测方法。因检测结果错误给当事人造成损害的，依法承担赔偿责任。

《产品质量法》规定，生产者、销售者对抽查检验的结果有异议的，可以向实施监督抽查的产品质量监督部门或者其上级产品质量监督部门申请复检，由受理复检的产品质量监督部门做出复检结论。

（四）跟踪检查制度

《农产品质量安全法》第三十九条规定，县级以上人民政府农业行政主管部门在农产品质量安全监督检查中，可以对生产、销售的农产品进行现场检查，调查了解产品质量安全的有关情况，查阅、复制与农产品质量安全有关的记录和其他资料；对经检测不符合农产品质量安全标准的农产品，有权查封、扣押。第四十一条规定，县级以上人民政府农业行政主管部门在农产品质量安全监督管理中，发现有《农产品质量安全法》第三十三条情形之一的农产品，应当按照农产品质量安全责任追究制度的要求，查明责任人，依法予以处理或者提出处理建议。《产品质量法》第二十一条规定，产品质量认证机构应当依照国家规定对准许使用认证标志的产品进行认证后的跟踪检查，对不符合认证标准而使用认证标志的，应当依法采取相应的监督管理措施。

（五）质量安全事故报告和处理制度

《农产品质量安全法》第四十条规定，发生农产品质量安全事故时，有关单位和个人应当采取控制措施，及时向所在地乡级人民政府和县级人民政府农业行政主管部门报告；收到报告的机关应当及时处理并报上一级人民政府和有关部门。发生重大农产品质量安全事故时，农业行政主管部门应当及时通报同级食品药品监督管理部门。《食品卫生法》第三十八条规定，发生食物中毒的单位和接收病人进行治疗的单位，应当根据国家有关规定及时向所在地卫生行政部门报告。县级以上地方人民政府卫生行政部门接到报告后，应当及时进行调查处理，并采取控制措施。

第四章　职业农民产业化经营意识

第一节　农业产业化经营的概念

农业产业化经营，是指以国内外市场为导向，以提高经济效益为中心，对当地农业的支柱产业和主导产品实行区域化布局、专业化生产、一体化经营、社会化服务、企业化管理，把产供销、贸工农、经科教紧密结合起来，形成一条龙的经营体制。

农业产业化经营主要包括三个方面：一是形成横向一体化经营，变弱小而分散的农户为一定规模的农业组织，降低生产成本和交易成本，提升农业生产者的市场地位。二是形成纵向一体化经营，改变农民单纯的生产初级原料的角色，以动植物生产为中心，向相关产业的下游进行延伸，鼓励进行深加工，提高收益水平和增加农民的可支配收入。三是实现农业生产经营的工厂化，克服农业自身的特点，强化对农业生产的人工控制，提高生产的稳定性和抗自然灾害的能力。

第二节　农业产业化经营的模式

一、"龙头"企业带动型经营模式

"龙头"企业带动型，即公司＋基地＋农户模式。以公司或集团企业为主导，以农产品加工、运销企业为"龙头"，重点围绕一种或几种产品的生产、加工、销售，与生产基地和农户实行有机的联合，进行一体化经营，形成“风险共担，利益共享”的经济共同体。在实际运行中，公司企业联基地，基地联农户，进行专业协作。这种形式在种植业、养殖业特别是外向型创汇农业中最为流行，各地都有比较普遍的发展。

二、市场带动型经营模式

市场带动型经营模式，即专业市场＋基地农户的模式。是指以一个专业批发市场为主与几个基地收购市场组成的市场群体。其中，区域性专业批发市场应具有较完备的软、硬件服务设施和措施，并且具有较大的带动力，以带动周围大批农民从事农产品商品生产活动，形成一个规模较大的农产品商品生产基地和几个基地收购市场，使区域性专业批发市场不仅成为基地农产品集散中心，而且成为本省乃至全国范围的农产品集散地。

三、中介组织带动型经营模式

中介组织带动型经营模式，即“农产联”＋企业＋农户的模式。它是指以中介组织为依托，在某一产品的再生产全过程的各个环节上，实行跨区域联合经营，逐步建成以占领国际市场为目标，企业竞争力强、经营规模大、生产要素大跨度优化组合，生产、加工、销售相联结的一体化经营企业集团。这种类型的中介组织主要是行业协会，我国“山东省农产品生产加工销售联席会议”（“农产联”）已成为典型代表。

四、综合开发集团带动型经营模式

综合开发集团带动型，是指一些企业集团根据市场需要，发展某种支柱产业项目，并转包给农民，按照合同规定，实行统一品种、统一技术措施、统一收获期、统一收购、统一加工销售等，开发集团为农户提供全方位的服务，是承包农户与综合开发集团形成利益共同体的一种产业化经营模式。

五、主导产业带动型经营模式

主导产业带动型经营模式，是指从利用当地资源、发展特色产业和产品入手，多种经营起步，走产业化经营之路，发展一乡一业、一村一品，逐步扩大经营规模，提高产品档次，组织产业群、产业链，形成区域性主导产业和拳头产品的模式。

第三节　发展农业产业化经营、建立健全体系机制

一、发展农业产业化经营，扶强做大农业龙头企业

（一）打破界限，给予扶持

要根据龙头企业带动农户及建立基地情况进行扶持，逐步把目前由政府和部门兴建的示范基地转变成在政府规划引导下由龙头企业作为运作主体实施的农产品基地。

（二）制定不同的扶持标准

要把扶持农业龙头企业与欠发达地区经济发展相结合，制定不同的扶持标准，充分考虑不同地区、不同产业、不同发展阶段的特点和实际，实行分类指导、重点扶持。

（三）提高农业龙头企业参与国际竞争能力

引导同类农业龙头企业通过商会、协会等途径组建行业协会，实行行业自律，提高参与国际国内市场竞争的组织化程度。加快农业龙头企业股份制改造，按照现代企业制度的要求，建立产权明晰、权责明确、政企分开、管理科学的现代企业运行机制和管理机制。

（四）对骨干农业龙头企业实行动态管理

每年根据考核评价指标，对建立基地面积大、带动农户能力强、产品科技含量高、出口创汇能力强的农业龙头企业给予奖励，做到优胜劣汰。

二、发展农业产业化经营，建立完善农业社会化服务体系

为建立和完善诸如信息服务体系、科技推广服务体系、农产品质量和标准检测体系、销售服务体系、物资供给服务体系，政府要增大资金投入、金融机构要创新贷款形式，加大对农产品种植、加工的资金支持力度。通过政策引导、资金支持、环境治理等多种方式促进市场发育，推动农业产业化条件的不断成熟和完善。要调整完善财政扶持政策。要积极推动各级财政，逐步增大农业产业化专项扶持资金规模，争取在龙头企业的贷款贴息、出口补贴以及农村中介组织专项补贴等方面有所突破。

三、发展农业产业化经营，完善农产品市场体系

第一，要建立农产品批发市场，加快资金、劳务、技术等生产要素的市场体系建设。

第二，统一规划，加强立项管理。逐步在全国形成布局合理、产销结合、公平竞争、统一开放的农产品市场体系。重点培育农产品批发市场发展。

第三，逐步建立农产品市场准入制度，促进无公害绿色农产品发展。重点以果、菜等鲜活农产品批发市场为窗口，建立市场准入制度，从加强管理着手，配置检测设备，规范检测手段，对不符合要求的不准其进场交易。

第四，加强市场开拓。加大经纪人队伍培育，以市场为依托，通过组建农产品贩销户行业协会的途径，提高农产品经营户的组

织化程度。以市场为中介，通过举办农产品展销会，牵头与大、中城市市场建立业务关系等多种途径，扩大当地农产品对外宣传，提高市场知名度，使更多的农产品走向国内外市场。

四、建立健全农业产业化发展的保障机制

第一，政府要坚持以农为本的治国理念，采取切实可行的政策措施，加大财政支农力度，同时大力发展政策性金融，多渠道增加对农业的货币投人，解决农业产业化过程中资本不足的问题，以激活农村经济发展的各种要素。

第二，农业结构调整是一个长期的动态优化过程，政府应着手建立农业产业化发展基金，提高农业抵御风险的能力，支持农业产业结构的调整，探索发挥期货市场套期保值的功能，通过期货交易对农产品进行保值增值。

第三，建立健全农业产业化的法律保障机制，为农业产业化发展创造一个良好的环境。实施特色农产品原产地保护制度和农产品质量绿色安全行动，推进农产品标准化，加强市场监管，全面提升农产品的质量安全水平。

第四，推进户籍制度改革，促进农村剩余劳动力向非农部门的转移，以保证农业经济结构调整的顺利推进。

第五，进一步延长土地承租合约，推进土地有序流转，实现农业的适度规模经营，提高农业产业化绩效。

第四节 农产品生产及经营

一、农产品生产管理方面的法律法规

优质安全的农产品是生产出来的，生产者只有严格按照规定的技术要求和操作规程进行农产品生产，科学合理地使用符

合国家要求的农药、兽药、肥料、饲料和饲料添加剂等农业投入品，适时地收获、捕捞和屠宰动植物或其产品，才能生产出符合质量安全标准要求的农产品，保证消费安全。生产管理包括农产品生产过程管理和农业投入品使用管理，遵行的相关法律法规有我国制定的《农产品质量安全法》和《农药管理条例》《兽药管理条例》《饲料和饲料添加剂管理条例》《农业转基因生物安全管理条例》以及《肥料登记管理办法》《无公害农产品管理办法》等，具体贯彻落实法规和条例，规范各部门工作的管理措施见表 4-1。

表 4-1　与农产品生产管理相关的我国法律法规

法律法规	主要内容
《农产品质量安全法》	主要集中在标准推广、投入品管理、生产者技术培训、生产档案制度等方面
《农药管理条例》	主要规定了农药登记制度、生产许可制度、经营许可制度、使用管理规定等
《兽药管理条例》	主要规定了兽药生产许可制度、经营许可制度、新兽药审批、进出口兽药管理、兽药使用、兽药监督管理等要求
《饲料和饲料添加剂管理条例》	主要规定了新饲料和饲料添加剂的审定制度和进口登记管理制度、生产许可制度、经营管理和使用管理等要求
《转基因生物安全管理条例》	主要规定了许可、审批和定期报告等制度
《肥料登记管理办法》	主要明确了肥料登记管理制度，未经登记的肥料产品不得进口、生产、销售和使用，不得进行广告宣传
《无公害农产品管理办法》	主要规定了无公害农产品产地认定和产品认证的条件、程序等要求

二、农产品销售管理方面的法律法规

农产品销售管理主要涉及《中华人民共和国农产品质量安全法》(简称《农产品质量安全法》)《中华人民共和国农产品质量法》(简称《农产品质量法》)《中华人民共和国食品安全法》(简称《食品安全法》)《中华人民共和国消费者权益保护法》(简称《消费者权益保护法》)《中华人民共和国商标法》(简称《商标法》)《中华人民共和国认证认可条例》(简称《认证认可条例》)和《农业转基因生物安全管理条例》。

(一)质量认证制度

质量认证包括体系认证和产品认证两种,目的在于保证和提高产品、服务的质量和管理水平。按照《产品质量法》的规定,认证均是自愿性的,是否进行认证由被认证者自行决定。

(二)产品质量安全要求

一是要符合保障人体健康和人身、财产安全的要求,特别是国家标准和行业标准;二是要名实一致,产品符合在产品或者其包装上注明采用的产品标准,不得掺杂、掺假,不得以假充真、以次充好,不得以不合格产品冒充合格产品。《农产品质量安全法》规定了农产品销售的市场准入条件,即第三十三条规定,有下面5种情形之一的农产品不得销售。

一是含有国家禁止使用的农药、兽药或者其他化学物质的;二是农药、兽药等化学物质残留或者含有的重金属等有毒、有害物质不符合农产品质量安全标准的;三是含有的致病性寄生虫、微生物或者生物毒素不符合农产品质量安全标准的;四是使用的保鲜剂、防腐剂、添加剂等材料不符合国家有关强制性技术规范的;五是其他不符合农产品质量安全标准的。

（三）产品包装制度

《农产品质量安全法》第二十八条规定，农产品生产企业、农民专业合作经济组织以及从事农产品收购的单位或者个人销售的农产品，按照规定应当包装或者附加标识的，须经过包装或者附加标识后方可销售。包装物或者标识上应当按照规定标明产品的品名、产地、生产者、生产日期、保质期、产品质量等级；使用添加剂的，还应当按照规定标明添加剂的名称。具体办法由国务院农业行政主管部门制定。《产品质量法》《消费者权益保护法》并未要求产品必须包装，而仅对包装上的标识内容做了规定；《食品安全法》则明确要求直接入口的食品应当有小包装或者使用无毒、清洁的包装材料，并规定食品、食品添加剂和专用于食品的容器、包装材料及其他用具，其生产者必须按照卫生标准和卫生管理办法实施检验合格后，方可出厂或者销售。

（四）产品标识制度

相关法律首先要求标识应当以中文标示，清楚和容易辨识。其次要求标识内容应当全面，一般包括：产品名称，生产者名称和地址，产品规格、等级、所含主要成分的名称和含量、检验合格标志等；根据产品本身的特性，标识内容还包括生产日期和安全使用期或者失效日期，以及警示标志或者中文警示说明等；属于农业转基因生物的，还要有特别标识。再次，要求标识内容应当真实，不得伪造产地，不得伪造或者冒用他人的厂名、厂址；不得伪造或者冒用认证标志等质量标志等。《农产品质量安全法》第二十八条在规定包装的同时，对标识也进行了规定。第二十八条规定，农产品包装物或者标识上应当按照规定标明产品的品名、产地、生产者、生产日期、保质期、产品质量等级内容；使用添加剂的，还应当按照规定标明添加剂的名称。第三十条规定，属于农业转基因生物的农产品，应当按照农业转基因生物安全管理的有关规定进行标识。第三十二条规定，销售的农产品必须符合农产品质量安全标准，生产者可以申请使用无公害农产品标志。农产品质量符合国家规定的有关优质农产品标准的，生产者可以申请使用相应的农产品质量标志。禁止冒用前款规定的农产品质量标志。

（五）生产经营环节质量管理制度

主要体现在《食品安全法》的规定中。首先，要求生产经营者的生产经营环境、厂房或场所、工具设备及其布局、工艺流程符合安全卫生的要求，并取得卫生许可证。其次，要求生产经营人员须身体健康，取得健康证明并在生产经营过程中讲究卫生。《产品质量法》和《食品安全法》还要求生产经营者特别是经营者建立并执行进货检查验收制度，验明产品合格证明和其他标识，保证标识符合规定；并采取措施，保持销售产品的质量。此外，还禁止生产者生产国家明令淘汰的产品；禁止销售者销售国家明令淘汰并停止销售的产品和失效、变质的产品。《农产品质量安全法》第三十七条规定，农产品批发市场应当设立或者委托农产品质量安全检测机构，对进场销售的农产品质量安全状况进行抽查检测；发现不符合农产品质量安全标准的，应当要求销售者立即停止销售，并向农业行政主管部门报告。农产品销售企业对其销售的农产品，应当建立健全进货检查验收制度；经查验不符合农产品质量安全标准的，不得销售。

（六）地理标志制度

地理标志制度是对优质、特色农产品进行保护的一项重要制度。《商标法》在我国第一次从法律层面对地理标志做了规定，允许将地理标志作为证明商标或者集体商标注册，这对于促进优质、特色农产品的生产和经营具有积极意义。

第五章　职业农民的创业意识、品牌意识

第一节　推广农业科技

一、农业科技问题

国务院制定的《国家中长期科学和技术发展规划纲要(2006—2020年)》和中共中央、国务院颁发的《关于实施科技规划纲要增强自主创新能力的决定》,提出要抓住本世纪头20年的重要战略机遇期,走自主创新之路,全面提升国家核心竞争力,并指出,我国提高自主创新能力的关键是完善体制和机制。只有继续深化科技体制改革,进一步消除制约科技进步和创新的体制性、机制性障碍,才能推进科技自主创新能力建设。作为自主创新型国家建设的一个重要组成部分,农业科技生产的能力建设也面临着同样的问题。农业科技投入,在一定程度上来说,对于农业科技工作是杠杆和导向。农业科技投入的体制和机制是否合理,在很大程度上决定着农业科技人员的基本工作环境和状况,进而决定着我国农业科技生产的能力建设和发展。只有在合理的农业科技体制下,不断完善农业科技投入的机制,才能不断促进农业自主创新能力持续稳定的增强。

现代农业是一种科技型产业,要求现代化的工具、科学化的手段和知识化的农民。建设现代农业,需要有强大的农业科

技做支撑，充分发挥科学技术在提高劳动者素质、改进劳动手段、拓展劳动对象、优化要素组合等方面的巨大作用，用先进的物质条件装备农业，用先进的科学技术改造农业，用先进的组织形式经营农业，用先进的管理理念指导农业。目前，我国农业科技进步贡献率也已经达到48%，科技成为农业和农村经济发展的主导因素。面对日益加剧的资源短缺和环境恶化，面对日益激烈的国际市场竞争，面对日益严峻的农产品有效供给压力，面对新农村建设的重大历史任务，我国的农业发展比以往任何时候都需要科技支撑，农业科技比以往任何时候都需要自主创新。通过不断的农业科技生产，我国正实现着由传统农业向现代农业的转变，实现着由“靠天吃饭”向“靠科技发展”、由“藏粮于仓”向“藏粮于技”、由“广种薄收”向“科技增效”的转变，这一系列转变也将为社会主义新农村建设奠定坚实的产业基础。

二、国际农业科技生产的竞争日益激烈

进入21世纪，知识经济与经济全球化进程明显加快，科学技术发展突飞猛进，科技实力的竞争成为世界各国综合国力竞争的核心，农业科学技术已成为推动世界各国农业发展的强大动力，以农业生物技术和信息技术为特征的新的科技革命浪潮正在世界各国全面兴起。

在这场新的农业科技浪潮中，美国、日本、德国等发达国家，印度、巴西等发展中国家，近年来都在制定实施新的农业科技发展战略，改革农业科技体制与运行机制，加大农业科研投入，加快农业科技创新步伐，抢占农业科技发展的制高点。这既对我国农业科技提出了严峻的挑战，更提供了迎头赶上新的农业科技革命、实现农业科技跨越式发展的历史性机遇。当前，农业面临的国际竞争更加激烈，经济全球化的发展不仅使

国内市场国际化，而且使国内农业国际化。

在世界农产品和贸易方面，对高科技含量和高附加值的农产品的需求比重会提高，对农产品卫生和质量标准的要求也越来越高。因此，加快农业科技创新、提高农业的科技含量，是提高农业国际竞争力的根本措施。

从刀耕火种的原始农业、畜拉人耕的传统农业到良种良法配套的现代农业，每一次跨越都是实践与科学技术双向互动，是推动生产力不断发展的过程。20 世纪中后期，可持续发展的时代理念和以生物技术和信息技术为主导的新的农业科技革命，开启了农业发展的新纪元，现代农业成为世界农业发展的主潮流。

三、农业科技生产引领现代农业发展

近年来，我国农业科技生产取得了重大进展，以超级水稻、矮败小麦、杂交玉米、杂交大豆、转基因三系杂交抗虫棉等为代表的育种技术已达到国际先进水平，遥感等现代信息技术已经开始在农业生产中发挥作用，粮食增产增效、优质农产品安全生产、农村清洁能源、资源循环利用等 300 多项先进适用技术得到大面积推广应用，揭开了我国依靠科技创新促进农业发展的新篇章。

一是超级稻引领我国水稻“第三次革命”。农业部在启动“中国超级稻研究计划”后，经过全国 10 多家协作单位的联合攻关，技术攻关取得重大突破，示范推广取得重大进展。在理论研究方面，开辟了亚种间杂种优势利用、理想株型构建的新领域；在品种培育方面，创制优异育种材料 30 余份，育成新品种 28 个，百亩[①]示范片平均亩产超 700 千克，小面积亩产

① 1亩≈666.7平方米。

超800千克；在示范推广方面，协优9308、两优培九、沈农265、国稻6号等超级稻品种已累计示范推广2亿多亩，增产稻谷125亿千克。

二是禽流感疫苗研制居国际领先地位。中国农业科学院哈尔滨兽医研究所在国际上第一个成功研制出抗H5N1型禽流感病毒基因工程灭活疫苗和抗H5亚型禽流感重组禽痘病毒载体疫苗，最近，又在国际上首次成功研制出同时抗高致病性禽流感和新城疫两种疫病的新型基因工程“双抗”疫苗。目前，H5N1型禽流感病毒灭活疫苗已在全国应用约6亿毫升，H5亚型禽流感重组禽痘载体疫苗在全国应用4.2亿余份，“双抗”疫苗正在加速产业化。

三是转基因抗虫棉选育取得重大突破。我国是世界上拥有自主知识产权、独立研制和开发成功转基因抗虫棉的第二个国家。转基因抗虫棉是我国目前唯一在生产上大规模应用的转基因农作物，已有46个抗虫棉品种通过省级和国家级审定。据统计，种植转基因抗虫棉可减少农药用量60%～80%，减少虫害、提高棉花产量，平均每亩增收节支180～220元。国产抗虫棉推广应用面积以每年10%左右的速度递增，7年间，累计推广面积超过1.27亿亩，为国家和棉农增收节支达228亿～279亿元人民币。

这些自主创新的新品种、新技术的成功研制和广泛应用，为推动我国农业生产力发展作出了重要贡献。农业有数百万年的历史，每一次技术突破，都将农业生产力水平提升到一个新的台阶。

四、我国实施农业科技生产六大行动

1. 动植物育种技术与新品种创新

创新农作物高产、优质、抗旱、抗逆育种技术和具有世界领先水平的水稻、小麦、玉米、棉花、大豆、油菜、蔬菜等高效育种技术平台；培育一批超级稻、转基因杂交棉、优质肉牛、细毛羊、矮脚鸡、瘦肉猪等超高产、优质、专用的突破性动植物新品种，以及名、特、稀经济作物优质新品种，良种良法配套，大幅度提高动植物生产能力。

2. 农业生物安全防火墙创新

突破植物高变异致灾有害生物、动物重大烈性传染病、危险性外来生物、转基因生物安全等诊断、检测、监测与预警、快速扑灭与可持续控制等关键技术与产品，确保国家生物安全和经济安全。

3. 农业资源高效利用和环境保护创新

创新节约资源、农业污染治理、耕地质量保育、肥料高效利用、节水农业、旱作农业、废弃物资源化循环利用等关键技术与产品，加强重大关键技术系统集成，有效支撑国家资源安全、生态安全和环境安全，促进农业可持续发展。

4. 数字农业与智能化装备创新

在农业资源精准监测、作物生产智能作业、精确施肥/药、智能化动物精细养殖、农业环境预警与控制、数字化管理与信息服务等关键技术及产品上实现突破，大幅度提高农业生产经营管理效率和效益。

5. 农产品加工与质量安全创新

突破农产品加工与物流、清洁生产与全程控制、农产品溯源与安全检测、风险评估与技术标准等关键技术，创新一批技术标准、标准物质、产品标准和新产品，支撑农产品质量安全，农业增效增收。

6. 农业领域拓展创新

在生物降解地膜、生物质能源转化、新型生物制剂等新材料、新能源、新产品生产关键技术方面，创制一批新产品、新设备，培育新的经济增长点，支撑新兴产业发展，拓展现代农业新领域。

五、农业科技生产的基本要求

1. 全力追踪现代农业科技

一是现代生物技术是21世纪先进农业的主导技术，也是支持农业发展的核心领域。随着分子生物学的发展，现代生物技术能够定向地改变生物的某些性状，大大缩短动植物品种改良的周期，迅速提高新品种培育效率、农产品的产量与质量，以及农业资源的利用率，要突出抓好生物技术的应用，加快高新技术成果转化。二是现代农业工程技术把材料学技术、制造技术、工程技术、控制技术、生物技术和现代农业科技的发展融为一体。借助于农业工程设施，使农业减少甚至摆脱对于自然条件和人类劳动的依赖，要积极推广使用农业机械，实现农业机械化。三是现代信息技术正在迅速渗透到农业的各个领域，将对整个农业生产、农业经济、农业科研、农业教育以及农村发展和农村文化生活产生积极的影响。

2. 合力组织农业科技攻关

一是实施作物良种科技行动，加强品种选育，种子质量标准化，优质苗木工厂化研究开发，建立产业化种植基地。二是实施农产品加工科技行动，建立农产品及加工产品的质量标准体系和监测体系，大幅度提高农产品转化率和附加值。实施农业高新技术产业化科技行动，加强区域性科技示范园区建设，实现农业科技工程化。三是实施绿色食品科技行动，以提高农产品国际竞争力为向导，开发各种绿色食品，实施精品名牌战略，带动外向型农业的发展。四是实施农业生态环境建设与减灾农业科技行动，重点加强生态林、节水农业、重大病虫害测报防治、避洪避涝和节水抗旱农业技术的研究开发与应用。五是实施科技致富示范行动，分区域搞好科技致富，坚持以科技开发为主，增强“造血”功能，促进农村致富奔小康。

3. 努力推进农业科技和教育结合

农、科、教结合就是以振兴农业和农村经济，实现农业与农村以现代化为中心，以开展教育培训提高农民的科技文化素质为手段，以推广先进的实用技术为动力，把经济发展、科技进步和人才培养紧密结合起来，形成强大的合力，最大限度地发挥农业、农村科技和教育事业的整体功能和效益。农业发展靠科技，科技进步靠人才，人才培养靠教育，这是现代农业发展的客观规律。加强农、科、教结合，是农业科技创新的基本要求之一，更是实现农业现代化的一个重要途径。

六、农业科技自主创新的现实意义

1. 农业科技生产是推动农业经济发展的不竭资源

科学技术是第一生产力，科技创新更是农业经济发展的不竭资源，它通过对生产力诸要素的物化，使生产力发生质的变化。科技转化为劳动者的技能，提高了劳动者在农业生产中的能动性；科技物化为劳动资料、创新的生产工具，使劳动手段更加现代化；科技发展使劳动对象发生根本性的变化，提高了农业劳动对象的效能和效用；科技创新的生产工艺使农业生产工艺流程更先进；科技进步优化了生产要素组合，使农业生产过程的组织形式更加科学合理；科技创新提高了农业生产经营管理水平，使农业生产经营管理方法更加科学化，手段更加现代化。

2. 农业科技生产是未来农业发展的根本出路

"农业的根本出路在于科技。"只有依靠科技进步，通过农业科技的突破性成果和新技术的有效推广应用，才能实现中国农业的持续发展，早日实现中国农业和农村现代化。当前，制约我国农业及经济发展的因素很多，如水土流失不断加剧、环境污染日益严重、生态破坏愈演愈烈等。如何从根本上解决中国农业发展基本问题，使农业发展与人口、资源、环境、社会、经济协调起来，走可持续发展之路，关键靠技术，靠创新的可持续农业技术才能彻底摆脱农业的"不可持续"局面。农业新技术的应用，可以合理开发和利用土地、水等自然资源，提高资源的产出效率；农业新技术应用，可以拓宽资源的范围，实现资源的有效替代，有效缓解现有资源的约束；农业新技术的应用，还为科学控制生态破坏和环境污染，开展科技减灾提供基本手段。

3. 农业科技生产是发展现代农业的关键所在

农业现代化，从一般意义上说，就是用现代科学技术和现代工业装备农业，用现代科学方法和现代手段管理农业，使农业的劳动生产率、土地利用率、农民的人均收入大大提高。农业现代化包括生产品种的良种化，生产资料的机械化、电气化、化学化，生产组织的区域化、社会化，生产技术的科学化，生产条件的水利化、园林化，经营管理的企业化、科学化。科学化、机械化和社会化是现代农业的三个基本特征，其本质是把农业建立在现代科学技术的基础上，用现代科学技术和现代工业来武装农业，用科学的方法和手段管理农业，目的是创造出一个高产、优质、低耗的农、林、牧、副、渔业生产体系和一个合理利用资源、保护环境的有较高转化效率的农业生态系统。因此，如果没有科技创新和科技支持，农业是不可能实现现代化的。

4. 农业科技生产是建设新农村的迫切需要

建设社会主义新农村，要求我国农业由传统农业向现代农业转型，现代农业的典型特征是高产、优质、高效、生态和安全，这些都依赖于农业科技的不断创新和支撑，农业科技创新与应用已成为增强农业生产能力，提高农业生产效率，转变农业增长方式和推进现代农业建设的关键因素。当前，农业和农村发展仍然处于艰难的爬坡阶段，构建社会主义和谐社会，统筹城乡经济社会发展，建设现代农业，发展农村经济，增加农民收入，离不开现代农业科技提供强有力的支撑。农业科技创新是解决我国农业问题的根本出路，只有加快农业科技进步与创新，才能提高我国农业综合生产能力，推动我国农业和农村经济结构战略性的调整，提高我国农业的国际竞争力，促进我国农业的可持续发展，保证我国的经济安全。

七、农业科技自主创新的工作思路

加快推进我国农业科技生产步伐，当务之急就是要紧紧围绕现代农业发展的目标和要求，瞄准世界农业科技发展前沿，大力开展原始创新、集成创新和引进消化吸收再创新，进一步明确人才是科技创新的本源，科技推广是科技创新的核心，推广能力是科技创新的基础，产业开发是科技创新的动力，市场开发是科技创新的生命，辐射带动是科技创新的目的，科技政策是科技创新的持续这一理念，选准创新重点，做好创新规划，明确创新思路，夯实创新基础。力争在农业重大领域、前沿技术研发和应用上取得重要突破，以推动农业科技创新体系建设健康发展。

1. 深化农业科技创新体制改革

国家要逐步完善农业科技生产机制：一是建立首席科学家

负责制，建设跨区域、跨学科、跨专业的创新团队，积极探索以任务分工为基础，以权益合理分配和资源信息共享为核心，以项目为纽带的协作攻关机制。二是建立人员能进能出、职称能上能下，有利于各类人才脱颖而出、施展才能的选人机制；重在社会评价和业内认可的人才评价机制；体现岗位绩效，促进人才资源合理流动以及适应分级分类管理的收入分配机制，鼓励科技人员大胆创新、创业和深入农村第一线的激励机制。三是按照“抓大放小、合理布局”的原则，组建农业科研机构，包括建立国家级农业科研中心、地方农业科研分中心。通过“并、转、建、撤”等不同途径进行调整、改造和改建，以利于建立机构精干、结构优化、布局合理、科技力量集中的“国家队”、“地方队”。四是按照“稳住一批放开一片”的原则，建立科技人才队伍。一方面，要紧紧“稳住”一批优秀农业科技人才，使他们安心、专心从事农业科技研究，从课题、经费等方面予以支持。另一方面，要大胆“放开”，让一大批农业科技人员进入市场，进行应用研究和开发研究，使农业科研成果早日进入市场大循环。五是按照“有所为、有所不为”的原则，让农业科技人员抓准位置、选准课题，使科技资金得到充分利用、高效利用。六是创新农业科技成果的评价和鉴定制度。建立一套能客观、公正反映科技成果水平、质量、效益等全部内容的综合评价指标体系，指标要求既全面，又客观，同时量化并给予合理的权重，便于操作和比较。

建立评审专家库，将真正办事公道、学术水平高的专家纳入到专家库。采用“背靠背”方式对成果进行评估、鉴定，以促进农业科学研究“早出成果、快出成果、出大成果、出真成果”。

2. 强化农业科技生产

要按照自主创新、重点跨越、支撑发展、引领未来的要求，进一步加强农业基础研究、前沿技术研究和共性技术研究，加快推进国家农业科技创新体系建设，努力使我国农业科技整体实力尽快进入世界前列，为发展现代农业，推进社会主义新农村建设奠定坚实基础。一是要把节约资源、保护生态环境作为研发的立足点。二是要加强农业科技原始性创新。创新是一个民族进步的灵魂，是一个国家兴旺发达的不竭动力。必须抓住那些对我国农业与农村经济发展具有战略性、基础性、关键性作用的重大科技课题，抓紧攻关，自主创新。促进农业科技研发和推广应用，要高度重视科研单位、专家和合作企业、示范基地以及省、市、县之间协同配合，充分发挥合作企业的生产技术优势和学校的人才及科技创新优势，加快农业新技术、新产品的开发和转化。三是要以试验、示范为基础，不断反馈与改进，促进技术不断创新和产品质量不断提高。四是要高标准、高起点，瞄准国际前沿，形成创新性成果，服务于生产。要始终把握系统深入、自主创新、集成创新、综合应用的原则，充分利用国家和省重点实验室、省级工程技术研究中心的有利条件，强强联合，优势集成，努力提高创新水平和成果的先进性及实用性。

3. 增加对农业科技生产的资金投入

先进农业科学技术的发展已进入黄金时期，必须以相应的设施条件和先进的科研推广手段作保证，这就更需要足够的投入。农业科研公益性的特点，决定了国家是农业科研的投资主体。我国农业主管部门要大幅度提高对农业科技创新的投入，拨出专项经费建立农业科技发展基金，专门用于农业科学研究和技术推广工作。一是要增加农业科技教育的基本建设投资、体系建设经费、大型活动的专项经费及各种基地建设的配套资金。二是各项农业技术改进费必须按规定继续提取，由农业部门掌握，并征得有关方面意见，作出具体安排，专款专用，真正用于技术改进。三是各种基地建设资金、开发资金、扶贫资金、以工代赈资金、以工补农资金和农业发展基金等，都要划出一定的比例用于农业科技推广，为农业的持续发展积蓄后劲。四是对大型农业科技开发项目，要安排一定的专项贷款、贴息贷款、周转金以及部分无偿启动资金。五是要安排一定的启动资金和外汇额度，用于优质良种、先进技术、先进设备的引进。要加强科技创新的基础设施建设。六是围绕建立农业创新体系集中投入，加快农业生物重要种质资源发掘与重要遗传性状改良；加强农业病虫害发生规律及可持续控制研究；强化农业环境资源高效利用与生态安全研究；加强复合农业生态系统研究等。

4. 加强农业科技生产人才队伍建设

推进农业科技进步，人才是关键。一是要努力营造良好的人才培养环境，建立有效的激励机制，调动广大农业科研人员的积极性、创造性。要在全社会形成“尊重知识、尊重人才，重视农业、重视农业科技人才”的氛围，增加农业科技人才培养的经费投入，采取相关配套的激励机制和优惠政策。二是要下大力气培养和造就一批世界一流的农业科学家和科技创新领军人才，建设一支结构合理、业务素质高、爱岗敬业的农业科技创新队伍。三是既要稳住农业科技人才，又要鼓励人才合理流动。要千方百计地稳定现有农业科技人才，使其安心工作、专心钻研，也要允许合理的人才流动，尽量使其“各尽所能、各得其所”。

5. 促进农业科技生产成果产业化

要积极促进农业科技生产成果产业化。农业科技成果产业化是科技与经济结合的多层次的科技经营活动，是农业科技直接进入农业与农村经济，加速科研成果转化为现实生产力，实现农产品有效供给，提高农民收入，增强农业科技机构自我发展能力的重要途径与模式。一是大力推进农、科、教结合，产、学、研协作，充分发挥农业科研院所、大专院校在农业技术推广中的积极作用，开展各种类型的农业科技成果展示和技术示范活动，鼓励农业科技人员深入生产一线，针对农业生产需要和农民需求开展技术研发与科技服务，构建课题来源于实践、成果应用于生产的有效机制。二是要适应新形势、新任务的要求，使更多的农业科技创新成果转化为现实生产力。要建设充满活力的多元化的农技创新成果推广机制，形成一支业务素质较高、数量稳定的基层农技推广队伍。三是要加快完善农业技术推广服务模式，以科技入户工程为平台，整合各方面科技力量和科技资源，形成共同推进农业科技成果转化和应用的合力。要多形式、多渠道、多途径开展农业科技培训，提高农民对先进适用技术的接受能力和应用水平。四是加强农业科技成果转化与市场结合。科研和推广人员要树立起强烈的市场意识，研究开发和推广有市场前景和发展前途的成果，再依据市场反馈信息指导下一步工作，以形成研究、开发、推广、转化的良性循环。加强传统农业生产方式和现代农业生产技术的结合。要因时制宜、因地制宜，用已物化的技术，适宜个体、集约经营的技术来增强生产能力。

八、农业科技生产的实现途径

1. 加快农业科技的推广和普及

加快农业科技的推广和普及，就要做到一个健全、二个转变、三个结合、四个到位。一个健全：尽快健全各地、各级农业技术推广、服务网络体系，做到县、乡、村有推广站，省、市有推广中心，并配备必要的农业科技人员和相应的仪器、设备、设施及应有的工作条件、推广经费等。二个转变：一是工作中心转变，将推广工作的重心由以“技术”为中心转变为以“农民”中心，真正将农村推广工作的重心转变为“面向农民、面向农业、面向农村”；二是推广机制转变，真正实现由单纯依靠行政手段转变为依靠行政手段和市场机制的有机结合，并逐步强化市场机制的功能。三个结合：科研、示范、推广相结合，有利于农业技术的推广。当前，全国很多地方建立的“农业技术示范园区”、“农业高新技术示范园区”就是将农业科研、示范、推广三者有机结合的较好形式。四个到位：将技术、资金、物资和优惠政策及时送到千家万户，送到农民手中，这是农业科技推广、普及工作得以“生根、开花、结果”的关键所在。

2. 稳定壮大农业科技推广队伍

各级人民政府和有关部门要全面落实《农业技术推广法》的有关规定，采取有效措施，保持农业技术推广机构和专业技术人员的稳定，改革中要防止农业第一线科技人员的流失。技术推广机构的经费，应当由国家财政负担，不能随意搞“脱钩”“断奶”。经费数额不但不能减少，而且应当随着财政收入的增长不断增加。要加快农业技术推广体系改革和建设，积极探索对公益性职能与经营性服务实行分类管理的办法，完善农技推广的社会化服务机制，鼓励各类农、科、教机构和社会力量参与多元化的农技推广服务。乡（镇）农技推广机构是国家农技推广机构的组成部分，是国家基层事业单位，对其管理应坚持条块结合，以条条为主的管理体制。现阶段，农业科技推广体系建设的基本要求和目标是：尽快建立和健全农技推广机构与农业科研教学单位以及群众性科技组织、农民技术人员相结合的推广体系。形成多层次、多形式、多成分的网络，具有产前、产中、产后结合服务功能，建立国家保障与自我积累相结合的发展运行机制，为农业和农村经济的全面发展提供优质、高效的社会化服务。同时，要建立激励机制，设立奖励基金，对在农业科研、教学、推广工作中作出贡献的科技人员给予重奖。

3. 大力培训新型农民

农民既是建设社会主义新农村的主体，也是农业科技创新的受体，农民素质的高低决定了农村社会发展的速度和质量，是农村全面建设小康社会的最本质、最核心的内容，也是解决“三农”问题最为迫切的要求和关键所在。实现农业和农村现代化，建设社会主义新农村，就必须培养出千千万万的“有文化、懂技术、会经营”的高素质的新型农民。要广泛开展新型农民科技培训、阳光工程培训、实用技术培训等多种形式的培训班，积极组织好科技咨询、技术培训、科技直通车、农业科技 110、农民科技书屋等活动，帮助农民提高科学文化素质，通过“农民夜校”、“农业广播学校”，进行电视专题讲座、科普讲座和“三下乡”活动，直接把科技送到农民手里，整村推进农业科技进村入户。要健全农民培训体系，充分发挥政府的主导作用，切实加大投入力度，整合农业科研教学单位等各类教育培训机构的力量，鼓励企业、农村合作经济组织、中介机构等社会力量积极参与，形成一批布局合理、设施良好、教学水平高、受农民欢迎的农民科技培训基地。

4. 开展国际合作与交流

要坚持“引进来”与“走出去”相结合，在更大范围、更广领域和更高层次上推进农业科技国际合作与交流，积极开展合作研究、联合开发和合作经营，以及创办高新技术产业等形式的国际合作，取长补短。积极参与世界农业科技创新的进程，紧密围绕我国建设现代农业的重大科技需求，深刻把握国际农业科技发展的脉络和走势，全面了解世界农业科技的前沿和热点，积极引进、消化和吸收国际先进技术、科学方法与管理经验，加速我国的农业科技创新步伐。

九、创新人才推进计划和农业科研杰出人才培养计划

为了贯彻落实《国家中长期人才发展规划纲要（2010—2020年）》，我国科技部、人力资源与社会保障部、财政部、教育部、中国科学院、中国工程院、国家自然科学基金委员会和中国科学技术学会联合制定和发布了创新人才推进计划（以下简称推进计划）。推进计划旨在通过创新体制机制、优化政策环境、强化保障措施，培养和造就一批具有世界水平的科学家、高水平的科技领军人才和工程师、优秀创新团队和创业人才，打造一批创新人才培养示范基地，加强高层次创新型科技人才队伍建设，引领和带动各类科技人才的发展，为提高自主创新能力、建设创新型国家提供有力的人才支撑。

根据计划，到2020年，我国推进计划的主要任务是：设立科学家工作室；造就中青年科技创新领军人才；扶持科技创新创业人才；建设重点领域创新团队；建设创新人才培养示范基地。其中，重点在我国具有相对优势的科研领域设立100个科学家工作室，支持其潜心开展探索性、原创性研究，努力造就世界级科技大师及创新团队；以高等学校、科研院所和科技园区为依托，建设300个创新人才培养示范基地，营造培养科技创新人才的政策环境，突破人才培养体制机制难点，形成各具特色的人才培养模式，打造人才培养政策、体制机制“先行先试”的人才特区。

农业科研杰出人才培养计划，是由农业部、教育部、科技部和人力资源与社会保障部联合制定的旨在强化科研杰出人才培养的计划。2011—2020年，将选拔、培养300名农业科研杰出人才；在部分国内尚属空白、且国内急需的学科领域，将计

划从国外引进相关科研杰出人才。实施农业科研杰出人才培养计划分别在“十二五”和“十三五”期间分两批组织实施，每批选拔 150 名，分年度给予国家专项资金支持，在 2020 年对该项目实施情况及成效进行综合评估。在选拔、培养杰出农业科研人才的同时，国家将给予专项经费支持，重点在全国建立 300 个农业科研创新团队，加强农业科研队伍的建设。通过学习培训、合作研究、实践考察、交流引进等方式，每个团队培养 10 名左右的成员，在全国建立一支 3000 人左右的学科专业布局合理、整体素质较高、自主创新能力较强的高层次农业科研人才队伍。

第二节　发展现代农业

中国是一个农业人口众多的发展中国家，农业发展一直以来都是国民经济的重要环节，也是经济发展、社会稳定的重要基础。农业是安天下、稳民心的战略产业，事关我国现代化建设大计、民生大事，任何时候都不能动摇和削弱。目前，我国正处于工业化中后期、城镇化加速推进的关键时期，农业占 GDP 的比例虽然仅为 10%左右，但农业的基础地位不仅不能改变，而且会更加突出和强化。农业的现代化发展关系着国家粮食安全，关系到 13 亿多人口的吃饭问题，6.4 亿农村人口的就业与增收问题，关系到我国工业化、城镇化、信息化发展的稳步推进，关系到统筹城乡、区域协调与可持续发展的长远战略。

一、农业是整个国民经济现代化的安全基石

农业是人类的衣食之源、生存之本。长期以来，我国农业在国民经济发展中扮演着十分重要的角色。“农业丰则基础强，

农民富则国家盛，农村稳则社会安”，我国国民经济的持续快速发展得益于农业的基础作用。

从认知层面上看，早在新中国成立初期确定国家发展道路问题时，毛泽东就指出：“我国是一个农业大国，发展工业必须和发展农业同时并举”，并提出了“以农业为基础，以工业为主导”的方针。

从实践层面上看，新中国成立到改革开放初期，我国农业发展的核心任务是为工业发展提供劳动力和原材料资源，国家实行了严格意义上的农村支援城市，农业支持工业的发展战略，工农产品价格“剪刀差”使农村居民的收入水平和生活水平明显低于城市居民，农业现代化的发展步伐相对较慢。党的十一届三中全会召开之后，随着改革开放战略的深入推进，我国工业化、城镇化进程也随之加速。特别是在党的十六大提出“五个统筹”背景下，统筹城乡发展、工业反哺农业、城市支持乡村的转型战略出台，为加快我国农业现代化发展提供了政策支持和支撑。国际实践经验证明，实现国家现代化，必须以农业现代化作为保障和前提；实现国民经济的快速发展，必须将农业现代化作为发展的基石。党的十八届三中全会作出了全面深化改革若干重大问题的决定，要求加快构建新型农业经营体系。坚持家庭经营在农业中的基础性地位，推进家庭经营、集体经营、合作经营、企业经营等共同发展的农业经营方式创新。

二、农业是农村经济的必由之路

农业现代化是我国农业与农村经济繁荣、持续发展的必由之路，是建设社会主义新农村的重要支撑和保障，是促进粮食生产稳定发展和农民持续增收的必然要求。中国农村发展的落后，首先是经济的落后。改变农村落后面貌，激活农村发展活力与创新能力，建设社会主义新农村，其首要任务是加快建设现代农业，繁荣农村经济，大力发展农村生产力，提高农民生活水平和生活质量。脱离了现代农业的发展，农村其他各项建设就会丧失坚实可靠的物质基础。

粮食生产稳定发展、农民收入持续增加，是我国农业与农村工作的两大基本目标和长期任务。虽然我国实现了粮食产量的10年持续增长，农民收入增幅也逐渐加大，但目前制约农业与农村发展的深层次矛盾尚未消除，促进粮食生产稳定发展、农民持续增收的长效机制尚未建立；随着耕地资源、水资源的约束不断加大，农业生产条件依然落后，农业经营效益仍然较低。目前继续保持农业增产增收良好势头的基础并不牢固，促进农村经济增长的原动力还显不足，农业现代化发展成为解决这一问题的根本途径。

通过推进农业现代化，可改善粮食生产条件，提高粮食综合生产能力。通过农业生产手段的现代化、生产技术的科学化、经营方式的规模化、生产服务的社会化、生产布局的区域化、基础设施的现代化，可以全面改善农业生产条件，提升农业综合竞争能力。通过完善和强化农业扶持政策，加强农业补贴的力度及其针对性，可以保障粮食生产的持续性和稳定性。

通过推进农业现代化，实现农业产业化经营，延长农业产业链，可以优化农业生产要素，不断提升农产品价值，扩大农民就业范围。因此，推进农业现代化能够让农业经营更有效益，让农民留在农村体面就业，让农业成为有奔头的产业。农民在农业现代化进程中不仅是重要的主导者，而且也应成为最大的受益者。

三、农业是“四化同步”发展基础

中国应坚持走中国特色的新型工业化、信息化、城镇化、农业现代化的“四化”之路，推动城镇化和农业现代化的相互协调。工业化、信息化、城镇化、农业现代化是我国社会主义现代化建设的重要组成部分。工业化、信息化、城镇化需要农业现代化提供物质、人力资源，以及广阔的市场，农业现代化需要工业化、信息化和城镇化的支持、辐射、带动。必须以新型工业化、信息化带动和提升农业现代化水平，以城镇化带动和推进新农村建设，以农业现代化夯实城乡发展一体化基础。

农业现代化与工业化、信息化、城镇化发展应是一体的。从世界经济社会发展历程看，一些国家在工业化、城镇化建设进程中，注重同步推进农业现代化发展，出台优先支持农业的保护和扶持政策，从而平稳较快地迈进现代化国家行列。还有一些国家和地区，在工业化、城镇化发展过程中，忽视了农业现代化的基础性地位，结果出现了农业衰退、农村贫困、城乡差距拉大，以及城市失业人口过多、公共服务严重不足等现实问题，甚至导致社会动荡、经济萧条。我国改革开放以来，经济建设与社会发展的经验也充分证明，只有着眼于国民经济与社会发展全局，稳定农业生产和推进农业现代化，发挥工业化、信息化、城镇化对农业现代化的支持和带动作用，才能从根本上促进解决“三农”问题，推进城乡经济社会一体化发展。

农业现代化有利于推进工业化、城镇化的健康发展，关键在于农业现代化能够有效整合农村资源、提高农业生产效率，释放农村剩余劳动力和土地资源潜力，进而为城镇化和第二、三产业的协调发展提供劳动力与土地保障，促进城镇化的质量提高，推动工业化的持续发展。

加快工业化进程能够提升农业现代化水平，是因为工业化可带来制造业及相关非农产业部门在国内生产总值中所占比例的不断上升，增加农业科技含量和物质产品总量，降低农业材料与机械产品生产成本，实现农业机械化水平提高和农业生产效率提升，从而推动农业现代化。同样，健康的城镇化进程，能促使农业剩余劳动力向城镇第二、三产业转移，通过优化农村人地关系，为农业规模经营、标准化生产提供重要物质基础、技术装备和土地保障。城镇化进程中土地非农化及其非农收益反哺农业，有利于激励农业生产效率的提高，进而促进集约农业、高效农业、园区农业、有机农业、工厂农业的兴起和发展，稳步推进农业现代化。

创新驱动是工业化、信息化、城镇化和农业现代化的不竭动力。工业化、城镇化进程中各类资源在城市集聚，总体上有利于促进科技创新、技术研发和应用推广。根据比较优势与市场需求准则，逐步形成中国特色农业科技创新与推广体系，促进农业科技水平稳步提高，为科技型、内涵式、高效性的现代农业发展创造优越条件。同时，大量进城务工的农村劳动力直接参与了工业化、城镇化进程，如果他们返乡创业建设家乡，能将城市中较为先进的经营、管理经验和技能带回农村传播，有利于搭建城乡要素、产品自由交换的新平台，为现代农业新的要素组织、方式变革带来新的活力和动力，因而成为新时期中国农业现代化发展的重要推动力量。

四、以农业现代化促进城乡发展一体化

我国总体上已迈入工业化中后期阶段，但工业发展的基础仍然较为薄弱，核心竞争力不强。随着产业转型和生产方式转变，吸纳农村剩余劳动力的能力将会减弱。而且，随着资源环境约束的加大，我国工业发展在今后相当长一段时间内仍将面临巨大挑战。因此，我国不可能像日本、韩国和欧美发达国家一样，依靠工业大幅度补贴农业。从我国的基本国情来看，在今后相当长时期内，工业反哺农业、城镇支持农村会处于较低

水平的初级阶段。在未来一段时间内，解决已经进城人口的基础设施和公共服务设施配置都将成为城市发展面临的巨大挑战。城市经济发展对近郊区乡村的带动作用明显，但对广大的远郊区乡村，由于大多数城市处于加速发展阶段，加上城乡二元结构的体制约束，其辐射带动作用仍然十分有限。

总体上讲，我国城乡一体化发展仍处于工业反哺农业、城市支持乡村的初级阶段，仅仅依靠工业和城市的带动，远远不能解决农业、农村和农民的现实问题。只有通过大力推进农业现代化建设，不断增强农业发展的竞争力、农村发展的活力和农民创业的能力，提高农业接受工业反哺的效率，强化乡村接受城市带动的效益，才能真正实现城乡发展一体化。

五、农业现代化是农业、农村可持续发展的根本保障

我国是世界上人口最多的国家，农业自然资源的总量较大，但人均资源拥有量却偏小，人均耕地和水资源拥有量均不及世界平均值的一半。农业发展总体上是剩余劳动力多，但人均资源少；农产品产量高（总单产），但人均产出少；物质投入总量多，但人均所得量相对少。农业生产在满足人们生存需求的同时，也会给生态环境带来了许多消极影响。农业资源和能源的过度消耗，严重破坏了农村生态环境，导致农村地区生态环境恶化、水土流失、土地退化、生物多样性减少。同时，还带来日益严重的食品安全问题，威胁到城乡居民的正常生产生活，影响着农业与农村可持续发展。

农业现代化是破解水土资源约束难题，实现农业环境友好、资源节约型发展模式的根本途径，也是实现农业与农村可持续发展的根本保障。通过农业现代化发展，提高农业生产效率，改善农业生产条件，使农业资源得到合理的开发利用。通过不断革新农业生产技术，创新农业生产理念，改善农业生产

管理模式，推进循环农业、生态农业发展，进而减少对环境的影响和破坏，通过农业生产的生态化、高效化，促进农业与农村的可持续发展。

第三节　如何进行科学创业

一、抢抓农业创业的机遇

所谓“三农”问题，是指农业、农村、农民这三大问题。“三农”问题的解决必须考虑农业自身的体系化发展，还必须考虑协调发展。“三农”问题的解决关系重大，不仅是农民兄弟的期盼，也是目前党和政府关注的大事。

近几年来，中央连续每年的一号文件都锁定在“三农”问题上。按照“坚持以人为本，加强农业基础，增加农民收入，保护农民利益，促进农村和谐”的目标和取向，利用好农业政策平台是农业创业者必走的“捷径”。其特点是操作性强，导向明确，重点突出，受益面大。在这个情况下，农业创业者面临着前所未有的政策机遇，这些优惠的农业政策为农业创业者进行创业提供了良好的创业机会。

二、确定农业创业项目

通过认识农业创业的优势后，创业者在创业时要做的第一件事情就是要选择做什么行业，或者是打算办什么样的企业，如在土地里选择种植什么、池塘里选择养殖什么、利用农产品原料加工成什么新产品、为农业生产提供什么服务等，也就是要选择农业创业项目，这是创业者在创业道路上迈出的至关重要的第一步。

（一）了解我国的行业分类

从总体说，我国的产业构成习惯上分为三大块，即第一产业、第二产业、第三产业。

第一产业就是产业链上的原料业。我国指的是农业（包括林业、牧业和渔业等），有的国家把矿业也列为第一产业。

第二产业就是产业链上的制造业，指的是以第一产业的产品为原料进行加工制造或精炼的产业部门。各国划分的范围也不尽相同。我国的第二产业指工业和建筑业。

第三产业就是服务业，也指第一、第二产业以外的其他行业，即不直接从事物质产品生产、主要以劳务形式向社会提供服务的各个行业。如交通、电信、商业、饮食、金融、保险、法律咨询乃至文化教育、科学研究等行业。

依据国家计划委员会、国家经济委员会、国家统计局、国家标准局联合发布的《国民经济行业分类和代码》，上述产业又可以进一步细分为13个门类。

①农、林、牧、渔、水利；

②工业；

③地质普查、勘探业；

④建筑业；

⑤交通运输业和邮电通信业；

⑥商业、公共饮食业、物资供销和仓储业；

⑦房地产管理、公用事业、居民服务业和咨询服务业；

⑧卫生、体育和社会福利事业；

⑨教育、文化艺术和广播电视事业；

⑩科学研究和综合技术服务事业；

⑪金融、保险业；

⑫国家机关、党政机关和社会团体；

⑬其他行业。

在这13个门类的统属下，具体的小行业就是千姿万态，不胜枚举了。

每位有心创业的农民朋友都不妨根据自己的职业兴趣，先从这三大产业群、13个行业门类中寻找出大致方向，再一步步地逐渐细化，使自己的创业目标既明确具体，又合乎自己的兴趣与现实条件，成功的概率自然也就相对地更大了。

（二）如何选择创业好项目

1. 选择国家鼓励发展、有资金扶持的行业

这是选择好项目的先决条件。因为国家鼓励的行业都是前景好、市场需求大、加上资金扶持，较易成功。如现代农业、特色农业正是我国政府鼓励发展的行业。

2. 选择竞争小、易成功的项目

创业之初，资金、技术、经验、市场等各方面条件都不是很好时，如选择大家都选择其一挣钱项目而导致竞争十分激烈，则往往还没等到机会成长就被别人排挤掉了。成功的第一个法则就是避免激烈的竞争。

目前人们的传统赚钱思路还在于开工厂、搞贸易上，因而关注、认识农业的人很少，竞争很小，只要投入少量的资金即可发展。有一定的经商经验及文化水平的人去从事农业项目，在管理、技术及学习能力上都具有优势。比现在从事农业生产的农民群体更容易成功。

3. 产品符合社会发展的潮流

社会在发展，市场也在变化，选择项目的产品应符合整个社会发展的潮流，这样产品需求会旺盛。目前，我国的农产品价格还处于较低的价位，随着经济和生活水平的不断提高，人们对绿色食品、有机食品的需求会越来越大，产品价格也会逐步走高，上升空间大，经营这些项目较易成功。

4. 技术要求相对简单，资金回笼快

对于中小投资者而言，除了资金回笼快、周期短，同时项目成功的因素还取决于其技术的难易程度，这也是保证项目实施顺利、投资安全的因素，因此，选择技术要求相对简单的种植、养殖加工项目风险较小。

5. 良好的商业模式

商业模式是企业的赚钱秘诀。好的商业经营模式可以提供最先进的生产技术和高效的管理技术以及企业运营良好方案，这样可省去自己摸索学习的代价，能最快、最好、稳妥地产生效益。

三、制订创业计划

在寻找到创业项目之后，形成一份创业计划书是必不可少的。因为有创业项目后，还必须考虑合适的创业模式、恰当的人员组合和良好的创业环境。制订创业计划，就是使创业者在选定创业项目、确定创业模式之前，明确创业经营思想，考虑创业的目的和手段。为创业者提供指导准则和决策依据。

（一）创业计划的含义

创业计划是创业者在初创企业成立之前就已经准备好的一份书面计划，用来描述创办一个新的风险企业时所有的内部和外部要素。创业计划通常是各项职能如市场营销计划、生产和销售计划、财务计划、人力资源计划等的集成，同时也提出创业的头 3 年内所有长期和短期决策制定的方针。

创业计划也是对企业进行宣传和包装的文件，它能向风险投资企业、银行、供应商等外部相关组织宣传企业及其经营方式；同时，又为企业未来的经营管理提供必要的分析基础和衡量标准。在过去，创业计划单纯地面向投资者；而现在，创业计划成为企业向外部推销自己的工具和企业对内部加强管理的依据。

（二）创业计划的作用

三思而后行。做任何事情都要事先做好计划，创业尤其如此。在创业初期，创业者不可能对市场有很详细的调查数据，也无法准确地了解竞争对手的情况，创业计划可能不会规划出完美的蓝图，但是，至少有着以下几个方面的作用。

1. 把计划中要创立的企业推销给自己

通过创业计划的制订，创业者必须建立自信，应该以认真的态度对自己所拥有的资源、已知的市场情况和初步的竞争策略做一个简单的分析，并提出一个初步计划。通过将心中的设想编写成书面的、规范的创业计划，创业者可能会发现，事情原来并非想象中的简单，原来很多因素都没有想到，很多设想都不现实。这时候，需要创业者保持清醒的头脑，客观地、严肃地、不带个人主观情感地从整体角度审视自己的创业思路，并且适当地进行调节，使得计划更趋完美，以确保计划的可操作性。当然，通过撰写书面的创业计划，如果发现原来的设想根本不可能成为现实，创业者不得不放弃该创业念头时，千万不要勉强。

2. 把要创办的风险企业推荐给风险投资家

创业计划是创业融资的必备工具。对于初创的风险企业来说，创业计划的作用尤为重要。企业的成长基本上离不开外来资金。如果没有创业计划，创业者就无从知道创办这家企业所需资金的确切数目，也就不知道到底还缺多少资金。风险投资家都要求创业者提供创业计划，他们依据创业计划进行评价和筛选，选择他们认为最有发展潜力的企业进行投资。但是，必须明确的是，即使创业者不需要借钱，也不需要寻找合作伙伴，但必须撰写详细的创业计划。

3. 有利于获得银行贷款等其他资金

银行一般只要求申请贷款的企业提供过去和现在的财务报表。但是，初创的企业经营风险太大，为这类企业提供贷款，银行一般先要求创业者提供创业计划。对于银行来说，一份制作规范而专业的创业计划就等于一张考究的名片。一份书面的创业计划会提供很多的信息，是一份浓缩了的企业经营设想。一份详尽的、与众不同的、切实可行的创业计划将大大降低银行发放贷款的风险，增加获得贷款的机会。当然，创业计划也有利于初创企业获得其他形式的资金支持。

4. 有利于企业的经营管理

完美的创业计划可以增强创业者的自信，创业者会明显感到对企业更容易控制、对经营更有把握。因为创业计划提供了企业全部的现状和未来发展的方向，也为企业提供了良好的效益评价体系和管理监控指标。创业计划使得创业者在创业实践中有章可循。

创业计划还可以激励管理层以及公司普通员工。在创业初期，“人才可遇而不可求”。一个很重要的问题，就是如何让每一位成员了解本企业的发展战略和创业计划，并朝同一目标努力。如果企业内部的每一位员工对企业的发展战略有不同的看法，则企业就很难取得什么成就。获得认可的创业计划有助于把所有成员凝聚在一起，真正做到“心往一块想，劲往一处使”。

四、实施创业计划

通过策划和调研，真正确定了创业的项目，制订了创业计划书，开始实施创业计划时，你必须对创业规模、组织方式、组织机构、经营方式等方面做出决策，这将涉及一系列具体的问题，包括资金筹措、人员组合、场地选择、手续办理等。

（一）创业融资

创业者建立企业，除了一些基本工作之外，还需要创业资金。拥有的资金越多，可选择的余地就越大，成功的机会就越多。如果没有资金，一切就无从谈起。对于广大的创业者来说，创业初期最大的困难就是如何获得资金。融资的方式和渠道多种多样，创业者需要进行比较，并确定适合于自己的融资方式和途径。

（二）人员组合

选择了创业目标，制订了创业计划，明确了创业模式，确定了产品或服务方案，资金也筹措到位后，选择最佳的人员配备和组合就成了创业者的一个重要任务。

创办一个企业，如果有一个充满活力和凝聚力、具有协调性和开拓性的人员组合体，这个企业必将有一个良性发展的开端，能极大地调动起每个员工的工作积极性，营造出一个团结协作、以企为家的和谐氛围。

人员的组合只有在一定的范围内，依据有关方法，遵循必要的人员组合原则和标准，才能使人力资源配置达到最佳状态。

（三）确定经营方式

初创业者，规模不论大小，因为大有大的优势（大船抗风浪），小有小的好处（小船好掉头），但发展到一定程度之后，“航速”已经平稳，一切走上正轨，就不能不讲究规模与技术水平。否则永远只能在低水平上徘徊，自身难以发展。而在市场经济中，得不到发展常常也就意味着衰败的来临。

农民工创业之初，企业的自身发展常常受到各种条件或因素的局限，规模与速度都很难尽如人意。偏偏小企业抗衡市场风浪的能力又非常孱弱，于是就陷入了一个怪圈：企业小，难抗风浪，困难多，一发展甚至生存更艰难，困难更多。

怎么解决这个难题？有实践经验的农民朋友已经想出了许多很好的办法。

1. 股份制

就是大家各出股金，集中管理运作，共同投入于某一项目。等于是举全体之力，奋力一搏。

2. 联营制

也称“公司＋农户”。即对外是一个统一的公司，统一商标，统一营销，统购原材料，统一质量标准；对内实际上则是各家各户单独种植、养殖或加工制造，分批分类交售。

3. 协会制

就是组建行业协会，由协会统一质量标准或营销价格，各会员则自行组织生产、销售。

以上方法各有不同的适宜对象。创业中的农民工朋友们可以根据自己的情况来斟酌选择。

（四）场地选择

1991 年 4 月 23 日，麦当劳在中国的第一个餐厅开业，由此创造了新的纪录，成为中国发展最为迅速、市场占有率最高的快餐食品。麦当劳的创始人曾经提到，商业成功中的 3 个重要因素就是选址、选址和选址。对于商业服务企业，只有选好址、立好地，才能立业、立命。有经验的企业家都能意识到选址定位的重要性。一些快餐业和超市连锁店经营失败的直接原因就是选址不当。

无论企业是刚刚开始，还是企业已经发展到成熟期，选址定位对企业的发展都是相当重要的。虽然选址要花费一定的精力、时间或金钱，但是如果能提高成功的概率，你所投入的一切完全是值得的。

创业者在立志创业以后，在确定创业目标、拟订创业计划、筹集创业资金等的同时，要考虑创业的厂（店）址问题。对于任何企业，其所处的地理位置在很大程度上将决定企业能否成功，特别是所创企业从事零售业或服务业时店址更可能成为企业能否成功的关键。因此，创业者一定要慎重地选择企业的厂（店）址。

第四节　支持创业的政策措施

一、优惠的农业补贴政策

近年来，我国实施了“四减免”、“四补贴”等支农惠农政策，先后在全国范围内取消了农业特产税、牧业税、农业税和屠宰税，切实减轻了农民负担。利用好农业政策平台是农业创业者必走的“捷径”，国家出台的多项惠农政策主要包括以下几点。

1. 粮食直补政策

农民种植粮食作物直接补贴，按耕地面积直接由中央财政从粮食风险基金中拿钱补贴给农民，根据地方人口平分到单位面积。目前，粮食直补每种植小麦1公顷为150元，每种植早稻1公顷为150元（中稻和晚稻为225元）。各地方可以根据基础数据上调。对代耕代种的农户，地方政府按面积再实行奖励。

2. 农作物良种推广补贴政策

这是中央财政为加快我国农作物良种推广，促进农作物良种区域化种植，提高农产品品质而设立的专项资金。中央财政对高油大豆、优质专用小麦、专用玉米和水稻种植按不同标准给予补贴。补贴标准按照被国家列入推广示范区的高油大豆、专用玉米种植面积，中央财政每公顷补贴 150 元；计税耕地种植的水稻，中央财政给予每公顷 150 元补贴。农作物良种补贴资金运行管理实行省级列支、专户直拨。与此同时，财政部会同农业部等部门对小麦良种补贴政策和方式进行认真研究，要求在扩大补贴范围的同时，加大小麦良种补贴工作的示范带动效果。

3. 大型农机具购置补贴政策

按农业部《农业机械购置补贴专项资金使用管理暂行办法》的规定，农民、农场职工、农机服务组织、农村合作组织、农业园区业主（以下统称“购机者”）购置补贴机具目录中的农业机械，从事农业生产，都可享受专项资金补贴。目录所列耕整机，以市场经销价为计算基数补贴 30%；拖拉机，以市场经销价加选配件（实选数）价格为计算基数补贴 20%；植保机械，以市场经销价为计算基数补贴 10%；割晒机，以市场经销价为计算基数补贴 40%；其他类机械，以市场经销价为计算基数补贴 20%。地方财政根据情况预拨补贴资金到各区县财政部门，各区县可结合当地实际在“全额购机，购后补贴”和“差价购机，当场兑现”两种方式中任选一种。但无论哪种方式都必须保证购机者能够及时、足额地享受到补贴。

4. 农资综合直补政策

农资综合直补政策是指在现行粮食直补制度基础上，对种粮农民因柴油、化肥、农药等农业生产资料增支而实行的综合性直接补贴政策。补贴资金全部由中央财政负担，一次性拨付给地方并重点向粮食主产区和产粮大县倾斜，年内不再随后期农业生产资料实际价格变动而调整。

5. 能繁育母猪补贴政策

为丰富市民“菜篮子”，缓解猪肉供给偏紧的矛盾，保障猪肉等主要副食品市场的平稳供应，每头母猪可获50元补贴。养殖户每养殖一头能繁育母猪，就可得政府补助50元，其中中央财政负责30元，省级财政和市（县）级财政负责20元。

二、放心的农业保险政策

政策性农业保险是由政府主导、组织和推动，由财政给予保费补贴或政策扶持，按商业保险规则运作，以支农、惠农和保障“三农”为目的的一种农业保险。政策性农业保险的标的划分为：种植面积广、关系国计民生、对农业和农村经济社会发展有重要意义的农作物，包括水稻、小麦、油菜。为促进生猪产业稳定发展，对有繁殖能力的母猪也建立了重大病害、自然灾害、意外事故等商业保险，财政给予一定比例的保费补贴。政策性农业保险险种主要包括以下几点。

1. 农作物保险

发生较为频繁和易造成较大损失的灾害风险，如水灾、风灾、雹灾、旱灾、冻灾、雨灾等自然灾害以及流行性、暴发型病虫害和动植物疫情等。对于水稻、小麦、油菜等主要参保品种，各级财政保费补贴60%，农户缴纳40%。

2. 能繁育母猪保险

政府为了解决饲养户的后顾之忧，提高饲养户的养猪积极性，平抑目前市场的猪肉价格，进一步降低养殖能繁育母猪的风险，政府对能繁育母猪实行政策性保险制度，出台了“母猪保险”。能繁育母猪保险责任为重大病害、自然灾害和意外事故所引致的能繁育母猪直接死亡。因人为管理不善、故意和过失行为以及违反防疫规定或发病后不及时治疗所造成的能繁育母猪死亡，不享受保额赔付。能繁育母猪保险保费由财政补贴80％，饲养者承担20％，即每头能繁育母猪保额（赔偿金额）1 000元，保费60元，其中各级财政补贴48元，饲养者承担12元。

3. 农业创业者参加政策性农业保险的好处

一是可以享受国家财政的保险费补贴；二是发生保险责任内的自然灾害或意外事故，能够迅速得到补偿，可以尽快恢复再生产；三是可以优先享受到小额信贷支持；四是能够从政府有关方面得到防灾防损指导和丰产丰收信息。

三、透明的农业专项资金扶持政策

为加快发展高效外向农业，提高农业产业化水平，促进农业增效、农民增收，鼓励和吸引多元化资本投资开发农业，鼓励投资者兴办农业龙头企业，鼓励科研、教学、推广单位到项目县基地实施重大技术推广项目，国家或有关部门对这些项目下拨专门指定用途或特殊用途的专项资金予以补助。这些专项资金都会要求进行单独核算，专款专用，不能挪作他用。补助的专项资金视项目承担的主体情况，分别采取直接补贴、定额补助、贷款贴息以及奖励等多种扶持方式。

1. 专项资金补助类型

高效设施农业专项资金，重点补助新建、扩建高效农产品规模基地设施建设。

农业产业化龙头企业发展专项资金，重点补助农业产业化龙头企业及产业化扶贫龙头企业，对于扩大基地规模、实施技术改造、提高加工能力和水平的给予适当奖励。

外向型农业专项资金，重点补助新建、扩建出口农产品基地建设及出口农产品品牌培育。

农业3项工程资金，包括农产品流通、农产品品牌和农业产业化工程的扶持资金，重点是基因库建设。

农产品质量建设资金，重点补助新认定的无公害农产品产地、全程质量控制项目及无公害农产品、绿色、有机食品获证奖励。

农民专业合作组织发展资金，重点补助“四有”农民专业合作经济组织，即依据有关规定注册，具有符合“民办、民管、民享”原则的农民合作组织章程；有比较规范的财务管理制度，符合民主管理决策等规范要求；有比较健全的服务网络，能有效地为合作组织成员提供农业专业服务；合作组织成员原则上不少于100户，同时具有一定产业基础。鼓励他们扩大生产规模，提高农产品初加工能力等。

海洋渔业开发资金，重点补助特色高效海洋渔业开发。

丘陵山区农业开发资金，重点补助丘陵地区农业结构调整和基础设施建设。

2. 补助对象、政策及标准

按照“谁投资、谁建设、谁服务，财政资金就补助谁”的原则，江苏省省级高效外向农业项目资金的补助对象主要为：种养业大户、农业产业化重点龙头企业、农产品加工流通企业、农产品出口企业、农民专业合作经济组织和农产品行业协会等市场主体，以及农业科研、教学和推广单位。为了推动养猪业的规模化、产业化发展，中央财政对于养殖大户实施投资专项补助政策。主要包括：

年出栏300～499头的养殖场，每个场中央补助投资10万元。

年出栏500～999头的养殖场，每个场中央补助投资25万元。

年出栏1000～1999头的养殖场，每个场中央补助投资50万元。

年出栏2000～2999头的养殖场，每个场中央补助投资70万元。

年出栏 3000 头以上的养殖场，每个场中央补助投资 80 万元。

为加快转变畜禽养殖方式，还对规模养殖实行“以奖代补”，落实规模养殖用地政策，继续实行对畜禽养殖业的各项补贴政策。

四、税收优惠政策

对于独立的农村生产经营组织，可以享受国家现有的支持农业发展的税收优惠政策。《中华人民共和国农民专业合作社法》第五十二条规定，农民专业合作社享受国家规定的对农业生产、加工、流通、服务和其他涉农经济活动相应的税收优惠。支持农民专业合作社发展的其他税收优惠政策，由国务院规定。

五、其他优惠政策

为进一步推动农业产业化的发展，促进农业生产要素“回流”，切实保障国家制定的农业政策更好地贯彻实施，农业部联合工商、金融、交通等管理部门出台了一系列配套措施和鼓励政策。

1. 财政贴息政策

财政贴息是政府提供的一种较为隐蔽的补贴形式，即政府代企业支付部分或全部贷款利息，其实质是向企业成本价格提供补贴。财政贴息是政府为支持特定领域或区域发展，根据国家宏观经济形势和政策目标，对承贷企业的银行贷款利息给予的补贴。政府将加快农村信用担保体系建设，以财政贴息政策等相关方式，解决种养业“贷款难”问题。为鼓励项目建设，政府在财政资金安排方面给予倾斜和大力扶持。农业财政贴息主要有两种方式：一是财政将贴息资金直接拨付给受益农业企业；二是财政将贴息资金拨付给贷款银行，由贷款银行以政策性优惠利率向农业企业提供贷款。为实施农业产业化提升行动，对于成长性好、带动力强的龙头企业给予财政贴息，支持龙头企业跨区域经营，促进优势产业集群发展。中央和地方财政增加农业产业化专项资金，支持龙头企业开展技术研发、节能减排和基地建设等。同时探索采取建立担保基金、担保公司等方式，解决龙头企业融资难问题。此外，为配合各种补贴政策的实施，各个省和市同时出台了较多的惠农政策。

2. 土地流转资金扶持政策

为加快构建强化农业基础的长效机制，引导农业生产要素资源合理配置，推动国民收入分配切实向“三农”倾斜，鼓励和引导农村土地承包经营权集中连片流转，促进土地适度规模经营，增加农民收入，中央财政设立安排专项资金扶持农村土地流转，用于扶持具有一定规模的、合法有序的农村土地流转，以探索土地流转的有效机制，积极发展农业适度规模经营。

3. 小额贷款政策

为促进农业发展，帮助农民致富，金融部门把扶持“高产、优质、高效”农业，帮助农民增收项目作为重点，加大小额贷款支农力度。明确要求基层信用社必须把65％的新增贷款用于支持农业生产，支持面不低于农村总户数的25％，还对涉及小额信贷的致富项目，在原有贷款利率的基础上，下浮30％的贷款利率。

4. 绿色食品保障制度

为推行农业标准化生产，深入实施无公害农产品行动计划，各地质检部门建立农产品质量安全风险评估机制，健全农产品标识和可追溯制度。强化农业投入品监管，启动实施“放心农资下乡进村”示范工程。工商部门积极配合发展“绿色食品”和“有机食品”工程，积极培育和保护名牌农产品，加强农产品地理标志保护和监管力度。

第五节　农业品牌意识

一、品牌定义

农产品品牌是附着在农产品上的某些独特的标记符号，代表了品牌拥有者与消费者之间的关系性契约，向消费者传达农产品信息集合和承诺。广义农产品品牌由质量标志、种质标志、集体标志和狭义品牌构成。狭义农产品品牌是指农业生产者申请注册的产品、服务标志。而商标指的是符号性的识别标记。品牌所涵盖的领域，必须包括商誉、产品、企业文化以及整体营运的管理，品牌不单包括“名称”、“徽标”，还扩及系列的平面视觉识别系统，甚至立体视觉识别系统，它不是单薄的象征，而是一个企业竞争力的总和。品牌最持久的含义和实质是其价值、文化和个性；品牌是企业长期努力经营的结果，代表企业的无形资产。品牌由农产品生产经营企业创立，依靠知识产权保护和市场化运作发生作用，在国内外农产品市场上逐渐成为竞争的主旋律。为了在国内外市场上提升农产品的竞争力，实施农产品品牌战略是现代农业发展的必然选择。

品牌对消费者的价值，主要体现为品牌是存在于心目中的一种形象，这种形象来自对商品或服务的各种感知。品牌对生产者的价值，因为消费者的优先选择和持续选择，可以使生产者降低产品推介成本，增加利润，促进企业或农户永续发展。品牌对于地方政府的价值则体现为地区名片，能够辐射带动区域发展和农村振兴，提升地区竞争力和国际化水平。

二、品牌视觉识别系统设计的原则

1. 造型美观，构思新颖

这样的品牌不仅能够给人一种美的享受，而且能使顾客产生信任感。

2. 能表现出企业或产品特色。

3. 简单明显

品牌所使用的文字、图案、符号都不应该冗长、繁复，应力求简洁，给人以集中的印象。

4. 符合传统文化，为公众喜闻乐见

设计品牌名称和标志要特别注意各地区、各民族的风俗习惯、心理特征，尊重当地传统文化，切勿触犯禁忌，尤其是涉外商品的品牌设计更要注意。

三、品牌建设

农产品是人类赖以生存的主要商品，也是质量隐蔽性很强的商品，需要利用品牌进行产品质量特征的集中表达和保护。农产品品牌战略是通过品牌实力的积累，塑造良好的品牌形象，从而建立顾客忠诚度，形成品牌优势，再通过品牌优势的维持与强化，最终实现创立农产品品牌与发展品牌。

（一）农产品品牌形成的基础

1. 品种不同

不同的农产品品种，其品质有很大差异，主要表现在营养、色泽、风味、香气、外观和口感上，这些直接影响消费者的需求偏好。品种间这种差异越大，就越容易使品种以品牌的形式进入市场并得到消费者认可。

2. 生产区域不同

“橘生淮南则为橘，生于淮北则为枳。”许多农产品即使种类相同，其产地不同也会形成不同特色，因为农产品的生产有最佳的区域。不同区域的地理环境、土质、温湿度、日照、土壤、气候、灌溉水质等条件的差异，都直接影响农产品品质的形成。

3. 生产方式不同

不同农产品的来源和生产方式也影响农产品的品质。野生动物和人工饲养的动物在品质、营养、口味等方面就有很大的差异；自然放养和圈养的品质差别也很大；灌溉、修剪、嫁接、生物激素等的应用，也会造成农产品品质的差异。采用有机农业方式生产的农产品品质比较好，而采用无机农业生产方式生产的农产品品质较差。

（二）农产品品牌建设

农产品品牌建设是一项系统工程，一般要注重以下内容。

第一，农产品品牌建设内容主要包括质量满意度、价格适中度、信誉联想度和产品知名度等。质量满意度主要包括质量标志、集体标志、外观形象和口感等要素。价格适中度主要包括定价适中度、调价适中度等。信誉联想度包括信用度、联想度、企业责任感、企业家形象等要素。产品知名度则体现为提及知名度、未提及知名度、市场占有率等。

第二，农产品品牌建设是一个长期、全方位努力的过程，一般包括规划、创立、培育和扩张 4 个环节。品牌规划主要是通过经营环境的分析，确定产品选择，明确目标市场和品牌定位，制定品牌建设目标。品牌创立主要包括品牌识别系统设计、品牌注册、品牌产品上市和品牌文化内涵的确定等。品牌培育主要内容包括质量满意度、价格适中度、信誉联想度和产品知名度的提升。品牌扩张包括品牌保护、品牌延伸、品牌连锁经营和品牌国际化等。

四、注册商标是培育品牌最简便易行的做法

现代社会，商标信誉是吸引消费者的重要因素。随着农产品市场化程度的不断提高，农产品之间的竞争日益激烈，注册商标是农产品顺利走向市场的必经途径之一。

（一）商标是农产品的“身份证”

商标是识别某商品、服务或与其相关具体个人或企业的显著标志。商标经过注册，受法律保护。对于农产品来说，商标可以用于区别来源和品质，是农产品生产经营者参与竞争、开拓市场的重要工具，同时也承载了农业生产经营管理、员工素质、商业信誉等，体现了农产品的综合素质。商标还起着广告的作用，也是一种可以留传后世永续存在的重要无形资产，可以进行转让、继承，作为财产投资、抵押等。

（二）农产品商标注册程序

我国《农业法》第四十九条规定：国家保护植物新品种、农产品地理标志等知识产权。《商标法》第三条规定：经商标局核准注册的商标为注册商标，包括商品商标、服务商标和集体商标、证明商标；商标注册人享有商标专用权，受法律保护。商标如果不注册，使用人就没有专用权，就难以禁止他人使用。因此，在农产品上使用的商标要获得法律保护，应进行商标注册。

我国《商标法》规定：自然人、法人或者其他组织可以申请商标注册。因此，农村承包经营户、个体工商户均可以以自己的名义申请商标注册。申请注册的商标应当具有显著性，不得违反商标法的规定，并不得与他人在先的权利相冲突。

申请文件准备齐全后，即可送交申请人所在地的县级以上工商行政管理局，由其向国家工商行政管理总局商标局核转，也可委托商标代理机构办理商标注册申请手续。

（三）农产品注册商标权益保护

商标注册后，注册人享有专用权，他人未经许可不得使用，否则构成侵权，将受到法律的惩罚。商标侵权行为是指行为人未经商标所有人同意，擅自使用与注册商标相同或近似的标志，或者干涉、妨碍商标所有人使用注册商标、损害商标权人商标专用权的行为。侵权人通常需承担停止侵权的责任，明知或应知是侵权的行为人还要承担赔偿的责任。情节严重的，还要承担刑事责任。

判断是否构成商标侵权，不仅要比较相关商标在字形、读音、含义等构成要素上的近似性，还要考虑其近似是否达到足以造成市场混淆的程度。

侵犯注册商标专用权的行为有以下几点。

第一，未经商标注册人的许可，在同一种商品或者类似商品上使用与其注册商标相同或者近似的商标的。

第二，销售侵犯注册商标专用权的商品的。

第三，伪造、擅自制造他人注册商标标识或者销售伪造、擅自制造的注册商标标识的。

第四，未经商标注册人同意，更换其注册商标并将该更换商标的商品又投入市场的。

第五，给他人的注册商标专用权造成其他损害的。

当确认商标被侵权时，按照我国《商标法》的规定，商标注册人或者利害关系人可以向人民法院起诉，也可以请求工商行政管理部门处理。

第六章　职业农民的信息素养

进入21世纪后，社会信息量大幅度增长，为农业生产经营者收集和利用各方面信息提供了有利的条件，同时也带来了大量的无用和虚假信息。农业经营管理者要学会以较小的投入收集到较多的有用经营信息，同时正确运用于农业生产中。

第一节　农业经营信息来源

人们比较熟悉和经常使用的农业经营信息来源主要有电视、广播、杂志、网络、报纸等，各种信息来源有其自身的特点。

一、信息来源

（一）广播

广播的费用低，收听方便，但专业性差，有关信息很不详细，同时信息不易储存，整理不方便。

（二）电视

电视的优点是直观，可以看到有关农业生产和农产品市场的实际情况。电视的天气预报不但有各项数据，而且有趋势分析，有利于农业经营管理者提前做好有关安排。目前电视中有专业的农业频道，介绍农业生产新技术、新品种、生产的经验及各地农产品市场信息等。电视信息比广播更生动，更直观，但其专业性不高，目前储存信息还比较困难。

（三）报刊

有关农业的报到特别是地区性专业报刊的针对性很强，信息量虽然小但与农业经营管理者有直接的关系，是了解当地农业生产信息的重要渠道之一。报刊方便储存，有关信息的整理，利用很方便，但信息的传递需要的时间长，工作量大，信息的时效性较差。

我国几种农业类报纸杂志列举。

农业类：《农民日报》《中国农村经济》《中国乳业》《甘肃畜牧兽医》《中国畜牧兽医》、《吉林畜牧兽医》。

园艺花卉类：《中国蔬菜》《蔬菜》《中国园艺文摘》《温室园艺》。

农学农作物类：《中国农业气象》《作物学报》《中国种业》《云南植物研究》。

粮油食品类：《农产品加工》《绿色食品》《食品科学》《中国食物与营养》。

林业类：《中国林业教育》《林业科技开发》《中国城市林业》《世界竹藤通讯》。

农资农机类：《中国农业文摘——农业工程》《包装与食品机械》《农民日报》《中国农村经济》。

水产渔业海洋类：《中国水产文摘》《中国水产科学》《中国观赏鱼》《北京水产》。

（四）书籍

书籍的最大特点是专业性强，信息比较详细。目前越来越多的出版单位考虑到农业生产的特点，出版的书籍简便易携带，有口袋书之称，这些书籍可以及时向农业经营管理者介绍有关政策、法律及农业新技术知识，受到农业经营管理者的欢迎。

（五）电子媒介

与书籍相比，电子媒介的成本更低，信息量大，出版速度更快，复制更为简单，更容易普及。由于音像媒介可将有关信息以多种形式表现出来，农民更容易理解和接受，逐步成为传递某些信息的主要渠道之一。

（六）网络信息

网络信息量大，选择性强，有强大的查询功能，同时可以与有关单位进行直接联系，将本单位的信息发送给有关单位。网络信息的出现在一定程度上改变了农村信息闭塞的状况，未来可能成为农村中最重要的信息渠道。

二、收集信息的方法

收集信息的方法有很多，采用哪一种方法主要是根据生产经营者的规模、需要、信息带来的效益等进行选择。

（一）个人收集或专人收集

个人收集是个人在工作之中以及工作之余收集的各类农业经营信息。

对于部分重大信息，影响企业经营管理的至关重要的信息，以及经常变化的信息等，个人兼业收集可能效果较差。这类信息需要有专人负责收集。

无论个人收集或者专人收集，常用的方法有如下几种。

1. 市场调研

市场调研分为二手资料调研和实地调研。二手资料调研是对已经存在并已为某种目的而收集起来的信息进行的调研活动，也就是对二手资料进行搜集、筛选，并加以使用。这一方法方便、快捷、效率高、花费时间少，但同时具体性差，难以收集到针对性强的资料，且资料的可靠性差。实地调研是指由调研人员亲自搜集第一手资料的过程。实地调研的方法主要有访问法、观察法和实验法三种。在一些情况下，二手资料调研无法满足调研目的，就需要适时地进行实地调研来解决问题，取得第一手的资料和情报。

2. 专题讲座

目前，一些农业科研单位或企业为了推广其技术和产品，经常到农村举行各种专题讲座。这类讲座主讲人往往是专家，可针对不同的听众调整讲座的内容。许多农业技术的讲座是免费的，有些仅收取少量的费用。其中不少讲座提供的信息对农业生产有较大的帮助，有些信息解决了部分农业生产单位的难题。

3. 参观考察

为了宣传农业的新技术、新成果，每年我国各地都有专业的和综合的农业展览会或有关农业中某一行业或产品的展览会、展销会等。在这些展览会、展销会上集中反映了农业生产和销售的有关信息，同时还可与有关方面进行交流，实地考察可以得到更丰富的信息。

（二）委托收集

有些信息对于农业生产经营单位有着特别重大的意义，同时这些信息又不能从公共媒体中及时准确地获得，此时就需要委托有关单位或个人专业完成信息的收集工作。特别是产品以销往外地或国外为主的生产单位，要及时、准确掌握外地、外国的市场行情，可以通过付费的方法，委托当地的人员或单位完成信息的收集工作。

（三）购买信息

目前社会上有专业的信息中心、咨询中心等。这些单位的主要业务是为有关企业或个人收集其所需要的信息。这些单位的专业性比较强，信息渠道广，经验比较丰富，通过合同可以对其工作提出明确的要求，购买的信息比较可信。在进行生产经营重大决策，如项目可行性研究以及投标时，通过购买获取完整的信息，常常有较好的效果。

第二节　收集农业信息时需要注意的问题

21世纪是信息化的社会，社会上的信息很多，收集农业信息并不难，但用较小的投入收集到有用的信息并不容易。在收集农业经营信息时需要注意以下问题。

一、有明确的目的

在形形色色的信息面前，农业经营管理者始终需要掌握的一点是，农业生产的目的是获取更大的盈利，是取得良好的经济效益。为此，需要在降低生产成本的同时，提高生产的收益。农业生产经营信息的收集要服务于这一目的。

二、收集有用的信息

面对社会上的大量信息，判断哪些信息是有用的，哪些信息是无用的有一定难度，也需要做大量的工作。根据成功企业的经验，可以用以下几个标准判断信息的有用性。

1. 有效性

即该信息用于农业生产中是否可以获得相应的效果，可以提高生产的效率或降低生产的成本，可以解决农业生产中的问题。

2. 可靠性

在收集农业信息时，可靠的信息往往来自权威的信息发布单位，如农业部发布的农业信息，专业刊物上专家发布的信息等。

3. 及时性

对于当前生产经营决策中所用的信息最好是实时信息，或者是在有效期内的信息。

4. 准确性

信息不准确的原因是多方面的。信息收集人员的失误，计量工具的不准确，收集人员迎合信息需要者的偏好，以及有意发出的不准确信息都会影响信息的准确程度。即使是权威信息发布单位发布的信息在特定情况下也会有较大的偏差，利用不准确的信息制定决策必定会产生失误。

5. 全面性

在农业生产中，收集新技术、新产品的信息时还需要注意信息的全面性。在我们看到的有关材料中，各种新技术的信息往往强调其优点的一面，而对于这种技术的缺点、问题、不适用的场合等很少提及。对于新品种也常常是强调其增产、增收的作用，对其缺点和问题很少有详细说明。此时需要农业生产单位进一步了解这些新技术、新产品的缺点及问题等，只有掌握全面的信息才能对事物有正确的认识。

三、适当收集信息

在信息社会中，收集信息要有适当的度，既不要忽视信息的收集工作，也不要过量收集信息。收集信息的目的是增加农业生产的收益，一般情况下，只要收集信息的投入小于农业生产增收的产出，就可以认为信息收集的工作量是适当的。如果将投入于农业信息收集的工作用于农业生产的其他方面会有更高的收益时，就可以认为此时农业信息收集的投入量已经过大，需要适当减少这方面的投入，转到农业生产经营工作的其他方面。

四、信息的应用

收集信息的目的是为了应用，信息的应用主要有 5 个过程。

（一）筛选

筛选是对信息进行分类与挑选，筛选信息时有不同的分类方法，常用的是根据重大和紧迫程度对信息的分类。第一，选出重大而紧迫的信息，这些信息有重大影响，而且需要立即采取相应对策。第二，选出不重要但很紧迫的信息，这些信息虽然没有重大影响，但需要立即采取相应的对策。第三，选出重大但不紧迫的信息，这些信息的内容需要认真考虑，但不需要马上处理。第四，选出不重要也不紧迫的信息，这些只是参考信息，有时间和精力时可以考虑，也可以不考虑。

（二）鉴别

鉴别是去除虚假不实、可疑信息，保证采用的信息真实可信。鉴别信息时，既要注意不要将虚假的信息当作真实的信息，同时也要注意不将真实的信息当成虚假信息。无论出现哪一种情况，都会对指导农业生产带来不利的影响。

鉴别信息真伪的方法有很多，简单的方法有以下 3 种：一是逻辑推理的方法，不合乎逻辑的是可疑信息；二是验证方法，即通过其他渠道得到的信息与需要鉴别的信息内容是否一致，不一致的是可疑信息；三是确定信息发布单位的方法，不可信单位发布的信息也是可疑信息。

（三）分析

信息的分析是对有关信息去粗取精，去伪存真，由此及彼，由表及里的认识过程。信息只表达了客观的情况，这些信息反映了哪些问题需要进行分析才能够真正认识。对信息的分析有不同的方法，其中定性分析是对信息性质的认识，而定量分析是对信息中有关数量的认识。收集来的信息反映的是零星的、表面的、杂乱的内容，将相关的信息综合在一起，利用表格、图形等数量分析的工具，有助于认识收集到的信息中有哪些规律性。

（四）判断

判断是指根据信息分析来判别当前以及未来可能发生的变化，并根据变化来做出自己的决策。判断的基础是信息的收集、分析，以及对所掌握信息的深入思索。由于农业生产的周期较长，能否提前做好准备，抓住有利的机会，避开不利的风险，主要取决于对当前形势判断的正确与否。为了获得更好的收益，除了趋势的判断外，还需要有数量上的判断，如对于产品市场价格的变化，仅仅能够判断未来上涨还是下降是不够的，能够判断未来市场在哪一时点，有多大幅度的价格变化，才更有利于农业经营管理者做出正确的抉择。

（五）验证

对于重大信息的有效性和可信程度，仅仅有对于信息的分析和鉴别还是不够的，如果有条件，在进行决策前还需要进一步对相关信息进行验证。验证可以帮助我们坚定信心或避免失误。农业经营管理者验证信息的主要方法有两个：一是小型实验，特别是对于农业新技术、新产品是否适合当地的条件，是否能够为现有的生产者所掌握等，通过小型实验的方法进行验证可以更完全地掌握有关信息的内容。二是进行实地调查，所谓眼见为实，通过实地考察认识信息的内容，检验其真伪。

第三节 农业生产经营需要发布的信息

农业生产经营需要发布的信息主要包括生产资料需求信息、专业服务需求信息、产品销售信息以及贯穿于整个过程的经营管理信息。

一、生产资料需求信息

市场上有大量的生产资料销售商，这些生产资料的销售商掌握着不同价格和质量的生产资料。农业经营管理者及时发出对生产资料的需求信息，有助于沟通与供应商的联系，得到所需要的农业生产资料。

二、专业服务需求信息

目前，农作物生产从生产前的土壤分析，生产中的机耕、播种到生产后的收割、储存和运输都有专业服务的组织。在畜牧业生产中，从养殖场的设计，种苗的提供，畜禽的防疫，到饲料的供应、产品的运输等也都有专业服务组织。及时发布服务需求信息，联系质量高、收费合理的专业服务队伍，既可保证不误农时，又可以提高工作效率。

三、产品销售信息

农业生产的绝大多数产品需要通过市场销售。目前虽然有大量的农产品收购商直接找到农业经营者，但为了更有效地完成销售，农业经营者还需要及时发布有关产品销售的信息，使更多的经销商了解当地农业生产的品种、数量、质量等。

四、经营管理需求

通过发布农业生产所需的劳动力、经营管理人才等相关信息，可以扩大对生产和管理人员的选择面，找到更适合于农业生产的员工，提高农业的生产效率。通过相关信息的发布，还可以找到农业生产所需要的土地、水面及扩大农业生产所需要的资金、技术、培训等方面的支持。

第四节　发布信息的渠道

发布农业经营信息的渠道多种多样，主要有以下几种。

一、口头传递

口头传递是通过交谈、电话等以口头形式表达需要传递的信息。人员推销是口头传递的一种典型形式，这一方法指销售人员携带一定的宣传材料，口头介绍自己的产品，包括产品的价格、特点、生产单位的联系方法等。发布的口头信息要清楚、明确。发出信息后要守信，有关承诺要落实。

二、发布广告

对于需要经常发布的信息，还可以采用广告的形式。最简单的广告有农业生产单位的宣传牌，说明本单位的性质、生产的特点和主要产品、联系人、联系方法等。另外，针对相关活动制作的印刷品，以及农产品包装物上的说明等也有广告的作用。如果有特殊的需要，还可以考虑在公众媒体上发布广告。

三、展览、展销

根据不少农业经营管理者的经验，大多数新产品在相关的展览、展销会上进行宣传，往往能够获得较好的效果。特别是在地区性或专业性的展览、展销会上，由于参会的人员有明确的目的，专业性较强，对农业生产单位发布的信息比较敏感，同时接收信息的人员多数有一定的决策或建议权，有时只需要有几个大中型生产经营单位的相关人员注意到本单位所发布的信息就能够收到明显的效果。

四、专业会议

专业会议集中了相关行业的管理人员或技术人员，在这种专业会议上如果能够发布本单位的信息也会有较好的效果。如林果生产者在饮料专业会议上发布果品生产的信息，粮食生产者在饲料会议上发布饲料粮生产的信息，蔬菜和畜禽生产单位在餐饮行业的会议上发布的农产品生产信息等均属于生产单位向需求单位直接发布的信息，常常可以带来直接的效益。另外，在相关的农业技术研讨会上发布对技术的需求信息，在生产资料行业举行的会议上发布对生产资料的需求信息同样可能取得直接的效果。

五、互联网络

随着互联网络的普及，利用互联网发布信息成为农业经营管理者普遍采用的方法。互联网上发布的信息可图文并茂，生动直观，随时更换。同时，在互联网上发布信息的投入不高，技术不复杂，接受信息的区域广泛，有利于将生产的产品介绍到世界各地。

第五节　发布信息需要注意的问题

一、信息发布的权限

只有经营负责人才有权力发布农业生产单位的信息，员工和下属未得到许可是不能发布信息的。

二、保守生产经营机密

生产经营者在发布有关信息时要保守生产经营中的机密，注意不要在发布信息时将企业内部的消息透露出去。如农业生产的成本、价格底线与其他单位的交易情况等。发布信息时只发布让有关单位和人员了解的内容，不要将无关内容也同时发出。例如，急需某些生产资料的信息发布中不宜将“急需”透露给供应商，否则在以后合同的谈判中将处于不利的地位。在销售信息发布时亦如此，即使是在销售有一定困难，单位急需资金周转的情况下，也不宜将“急需”资金周转这类信息透露给收购商，这样容易让收购商压低农产品的收购价格。

三、把握机会

对于每个地区或特定的农产品，在特定的时间内发布信息常常有较好的效果，在发布信息时，要注意把握这类机会。如当地举办与农产品有关的活动时，或外来经销、采购商大量涌入时，或外来人员较多时，此时发布信息可能让更多的专业人员或消费群体所认识，一旦错过这一时间，进行的工作会事倍功半。

四、突出重点

发布信息的目的是让有关人员认识或感兴趣。由于目前社会上发布的信息数量庞大，让有关人员重视农业经营管理者发布的信息并不容易。这就需要在发布信息前详细分析我们需要解决的主要问题是什么，哪些可能引起相关人员的兴趣，在发布信息时要对发布的内容精心整理以突出重点，发布的内容要短小精悍，一目了然，这样的信息往往会有好的效果。

五、衡量效益

发布信息需要有一定的投入，这就需要对发布信息的方式、方法、力度、投入量等有一定的选择，力求用经济实用的手段，以最小的投入，获取最大的收益。在实际工作中，农业经营管理者发布信息时都不会只用单一的方法，而是多种形式的组合，此时，如何组合才有更好的效果，也需要有一定的衡量。从信息的发布到取得效益有时需要有一个过程，对于不能立竿见影的信息，也需要在一定的时间内坚持发布，让有关的经销商对生产单位的需求等有更深的印象和了解。

第七章　职业农民的生活素养

第一节　保护美化环境净化生活空间

一、居室污染的来源

（1）室内建筑和装修产生的有毒有害气体，如甲醛、苯、氨气等。

（2）房间中的装饰和摆设，如地毯、毛毯和各种装饰物上的致病菌。

（3）儿童的各种玩具造成的污染，如毛绒玩具中的尘螨污染、木制玩具上油漆的铅污染、塑料玩具的挥发物质等。

（4）家中饲养宠物狗、猫等，儿童特别愿意与它们玩耍并长时间生活在一起，它们是家庭里造成细菌、真菌、病毒等生物污染的重要根源之一。

（5）幼儿园和学校的教室里儿童过于密集，每个儿童占有空间过小，容易使室内空气污染加重。

（6）禽畜舍离居室太近，禽畜的排泄物通过空气传播出来的异味。

二、厨房和厕所污染的来源

（1）病从口入，人人都懂得这个道理，可是“厨房没有厕所干净”这个现象是事实，不由你不信。美国亚利桑那大学的科学家对 15 个家庭做了历时 30 周的调查，对象是厨房和厕所的 14 个部位。研究人员对每个部位的样本做了检测后发现，厨房的剁肉板上的细菌是坐厕板的 3 倍，厨房洗碗布上的细菌是坐厕板的 100 倍。

(2) 炒菜的油烟中含有大量致癌物，剁肉板上寄生着大量的细菌，致使我们吃的饭菜中含有大量细菌和致癌物。

(3) 农村的厕所，又称茅房，一般独立于住宅之外。若按现代标准建造配有化粪池的厕所，一般都可达到卫生标准；但传统的茅房却可以滋生许多病菌。

三、家庭保洁措施

(1) 居室应尽可能地简单装修，每日开窗通风，定期打扫。

(2) 尽可能地使用木制家具和棉麻类的天然衣物。

(3) 尽量不养宠物；家养禽畜的圈舍要独立于房屋的主体之外。

(4) 厨房的用具每次用完后要清洗干净。

(5) 若是传统的茅房则要定期用石灰消毒。

(6) 衣被要定期置于太阳下暴晒。

第二节　保持身心健康

随着时代的发展和科学技术的进步，人们的温饱问题逐渐得到解决，慢慢步入了小康社会，人们也就越来越重视自己的健康。因为没有健康，就无法拥有财富、爱情和幸福，也等于失去一切。究竟什么是健康呢？一般人不一定完全了解，因为健康并不单单是以前大家理解的所谓不生病就是健康。

世界卫生组织明确指出：健康不仅是没有疾病或虚弱，它是一种在躯体上、心理上和社会等各个方面都能保持完全和谐的状态。可见，全面健康至少应包括身体健康和心理健康两个方面，二者密切相关，无法分割。而具有社会适应能力也是国际上公认的心理健康的首要标准，即要求个体的各种活动和行为能适应复杂的环境变化，与他人相处和谐，这些条件三者缺一不可，这就是健康概念的精髓。

一、职业农民心理健康的标准

（一）了解自我，肯定自我

一个心理健康的人能体验到自己的存在价值，既能了解自己，又能接受自己，对自己的能力、性格和优缺点都能做出恰当的、客观的评价；对自己不会提出苛刻的、非分的期望与要求；对自己的生活目标和理想也能定得切合实际，因而对自己总是满意的；同时，努力发展自身的潜能，即使对自己无法补救的缺陷，也能安然处之。一个心理不健康的人则缺乏自知之明，并且总是对自己不满意；由于所定目标和理想不切实际，主观和客观的距离相差太远而总是自责、自怨、自卑；由于总是要求自己十全十美，而自己却又总是无法做到完美无缺，于是就总是同自己过不去，结果是使自己的心理状态永远无法平衡，也无法摆脱自己感到将要面临的心理危机。

（二）接受他人，善与人处

心理健康的人乐于与人交往，不仅能接受自我，也能接受他人，能认可别人存在的重要性和作用，同时也能为他人所理解，为他人和集体所接受，能与他人相互沟通和交往，人际关系协调和谐。在生活的集体中能与大家融为一体，既能在与挚友同聚之时共享欢乐，也能在独处沉思之时而无孤独之感。因而在社会生活中有较强的适应能力和较充足的安全感。而一个心理不健康的人，总是自外于集体，不能与他人和睦相处与周围的人们格格不入。

（三）正视现实，接受现实

心理健康的人能够面对现实，接受现实，并能主动地去适应现实，进一步地改造现实，而不是逃避现实。能对周围事物和环境做出客观的认识和评价，并能与现实环境保持良好的接触，既有高于现实的理想，又不会沉湎于不切实际的幻想与奢望中，同时对自己的力量有充分的信心，对生活、学习和工作中的各种困难和挑战都能妥善处理。心理不健康的人往往以幻想代替现实，而不敢面对现实，没有足够的勇气去接受现实的挑战，总是抱怨自己“生不逢时”或责备社会环境对自己不公而怨天尤人，因而无法适应现实环境。

（四）热爱生活，乐于工作

心理健康的人能珍惜和热爱生活，积极投身于生活，并在生活中尽情享受人生的乐趣，而不会认为是重负。他们还在工作中尽可能地发挥自己的个性和聪明才智，并从工作的成果中获得满足和激励，把工作看作乐趣而不是负担；同时也能把工作中积累的各种有用的信息、知识和技能存储起来，便于随时提取使用，以解决可能遇到的新问题，克服各种各样的困难，使自己的行为更有效率，工作更有成效。

（五）能协调与控制情绪，心境良好

心理健康的人，愉快、乐观、开朗、满意等积极情绪总是占优势的，虽然也会有悲、忧、愁、怒等消极情绪体验，但一般不会长久；同时能适度地表达和控制自己的情绪，喜不狂、忧不绝、胜不骄、败不馁，谦而不卑，自尊自重。他们在社会交往中既不妄自尊大，也不退缩畏惧；对于无法得到的东西不过于贪求，争取在社会允许范围内满足自己的各种需要；对于自己能得到的一切感到满意，心情总是开朗、乐观的。

（六）人格完整和谐，健康心理

心理健康的人，其人格结构包括气质、能力、性格和理想、信念、动机、兴趣、人生观等各方面能平衡发展。人格作为人的整体的精神面貌，能够完整、协调、和谐地表现出来；思考问题的方式是适中和合理的，待人接物能采取恰当灵活的态度，对外界刺激不会有偏颇的情绪和行为反应；能够与社会的步调合拍，也能和集体融为一体。

（七）智力正常，智商在 80 以上

智力正常是人正常生活最基本的心理条件，是心理健康的重要标准。智力是人的观察力、记忆力、想象力、思考力和操作能力的综合。一般常用智力测验来诊断智力发展的水平。智商 80 以上为正常，低于 70 者为智力低下。

（八）心理行为符合年龄特征

在人的生命发展的不同年龄阶段，都有相对应的不同的心理行为表现，从而形成不同年龄阶段独特的心理行为模式。心理健康的人应具有与同年龄多数人相符合的心理行为特征。如果一个人的心理行为经常严重偏离自己的年龄特征，一般是心理不健康的表现。

二、职业农民的养生之道

养生是一项系统性活动，需要从多方面入手，不能只注重一个方面而忽视其他方面，要根据自己的身心条件，去选择适合本人的养生方法。尽管方法很多，但归纳起来，主要有调控养生、文化养生、运动养生、饮食养生、药物养生 5 个方面的内容。

调控养生是通过对心理平衡的调节和生活起居的周密安

排，达到健康长寿的目的。主要是调控精神、调控动静、调控饮食，人的精神因素是人生命活动的一根支柱，它直接影响人的生活和健康。性格开朗、心情舒畅、豁达乐观的精神可以起到增强人的整个精神系统的统率作用，使机体各器官的活动协调一致，内分泌正常，新陈代谢良好，有益祛病延寿。反之，精神紧张、情绪压抑、忧郁苦闷，则会导致人的精神系统功能的紊乱、内分泌失调、免疫力下降，导致人身体虚弱而患疾病。运动使生命之钟走得更准确更长久，运动可以提高免疫力，促进消化吸收与新陈代谢，使人的体格健壮，精力充沛，减少各种疾病。饮食是维持生命所必需的，合理的饮食习惯有利于健康，可延年益寿。

（一）春季饮食要养“阳”

也就是说，在饮食方面，适宜多吃些能温补阳气的食物。以葱、蒜、韭、蓼、蒿、芥、大枣、山药等辛辣之菜，杂和而食。进入温暖的春天，我们的身体在此时也在发生着一些变化，春季养生要注重养肝。立春时节，人体的生理变化主要是：一是气血活动加强，新陈代谢开始旺盛；二是肝主藏血、肝主疏泄的功能逐渐加强，人的精神活动也开始变得活跃起来。立春养肝除了注意饮食、起居、运动外，情绪的好坏也很重要。因为春季阳气生发速度开始多于阴气的速度，所以，肝阳、肝火也处在了上升的势头，需要适当地释放。肝是喜欢疏泄讨厌抑郁的，生气发怒就容易肝脏气血淤滞不畅而导致各种肝病，“怒伤肝”就是这个道理。进入春天后，保持心情舒畅，就能让肝火流畅地疏泄出去，如果常常发脾气特别是暴怒，就会导致肝脏功能波动，使火气旺上加旺，火上浇油，伤及肝脏的根本。所以，春季一定要做到心平气和、乐观开朗，如果生气了，要学会息怒，即使生气也不要超过 3 分钟。

（二）夏季饮食要消“火”

增加一些苦味食物。苦味食物中所含的生物碱具有消暑清热、促进血液循环、舒张血管等药理作用。热天适当吃些苦瓜、苦菜，以及啤酒、茶水、咖啡、可可等苦味食品，不仅能清心除烦、醒脑提神，而且可增进食欲，健脾利胃。营养学家建议：高温季节最好每人每天补充维生素 B_1、维生素 B_2 各 2 毫克，维生素 C 50 毫克，钙 1 克，这样可减少体内糖类和组织蛋白的消耗，有益于健康。也可多吃一些富含上述营养成分的食物，如西瓜、黄瓜、番茄、豆类及其制品、动物肝肾、皮等，亦可饮用一些果汁。不可过食冷饮和饮料，气候炎热时适当吃一些冷饮或喝饮料，能起到一定的祛暑降温作用。雪糕、冰砖等是用牛奶、蛋粉、糖等制成的，不可食之过多，过食会使胃肠温度下降，引起不规则收缩，诱发腹痛、腹泻等疾患。饮料品种较多，大都营养价值不高，还是少饮为好，多饮会损伤脾胃，影响食欲，甚至可导致胃肠功能紊乱。勿忘补钾，暑天出汗多，随汗液流失的钾离子也较多，由此造成的低血钾现象，会引起倦怠无力、头昏头痛、食欲不振等症状。热天防止缺钾最有效的方法，是多吃含钾食物，新鲜蔬菜和水果中含有较多的钾，可酌情吃一些草莓、杏子、荔枝、桃子、李子等水果；蔬菜中的青菜、大葱、芹菜、毛豆等含钾也丰富。茶叶中亦含有较多的钾，热天多饮茶，既可消暑，又能补钾，可谓一举两得。膳食最好现做现吃，生吃瓜果要洗净消毒。在做凉拌菜时，应加蒜泥和醋，既可调味，又能杀菌，而且增进食欲。饮食不可过度贪凉，以防病原微生物乘虚而入。热天以清补、健脾、祛暑化湿为原则。应选择具有清淡滋阴功效的食品，诸如鸭肉、鲫鱼、虾、瘦肉、食用蕈菌类（香菇、蘑菇、平菇、银耳等）、薏米等。此外，亦可进食一些绿豆粥、扁豆粥、荷叶粥、薄荷粥等“解暑药粥”，有一定的祛暑生津功效。

（三）秋季饮食要重“润”

秋季饮食重在养肺润燥，少吃辛辣油腻，多吃蔬菜水果。传统中医认为，秋季饮食应贯彻“少辛多酸”的原则，以平肺气、助肝气，以防肺气太过胜肝，使肝气郁结。尽可能少食用葱、姜、蒜、韭、椒等辛味之品，不宜多吃烧烤，以防加重秋燥症状。秋季也最易便秘，应当多吃蔬菜、水果，可以多食用芝麻、糯米、蜂蜜、荸荠、葡萄、萝卜、梨、柿子、莲子、百合、甘蔗、菠萝、香蕉、银耳等。

秋季养生适宜多摄取的食物有如下几类：一是养肺润燥平补的食物：鸭肉、猪肉、猪肺、泥鳅、鹌鹑蛋、牛奶、花生、杏仁、山药、白木耳、百合、冰糖、蜂蜜、无花果、胡萝卜等；二是清肺润燥的食物：鸭蛋、白萝卜、菠菜、冬瓜、丝瓜、白菜、蘑菇、紫菜、梨子、柿子、柿饼、罗汉果、橙子、柚子等；三是秋燥引起肺气虚时，可多选用百合、薏米、淮山药、蜂蜜等补益肺气；肺阴虚时应多选用核桃、芡实、瘦肉、蛋类、乳类等食物滋养肺阴；如伤及胃阴肝肾阴精时，可用芝麻、雪梨、藕汁及牛奶、海参、猪皮、鸡肉等分别滋养胃阴及肝肾阴精。

（四）冬季饮食要重“补”

冬令进补，是我国传统的防病强身、扶持虚弱的自我保健方法之一。冬季，气候寒冷，阴盛阳衰。人体受寒冷气温的影响，机体的生理功能和食欲等均会发生变化。由于中老年人生理上的变化，在隆冬季节，对于高压低温气候的调节适应能力，远比青年人差，容易影响体内平衡，产生血管舒缩功能障碍，从而引起种种不适或疾病。因此，在注意生活起居等方面养生的同时，合理地调整饮食，保证人体必需营养素的充足，对提高老人的耐寒能力和免疫功能，使之安全、顺利地越冬，是十分必要的。

养生专家给出了如下建议：冬季饮食应保证能量的供给，冬季气候寒冷，阴盛阳衰。人体受寒冷气温的影响，肌体的生理功能和食欲等均会发生变化。因此，合理地调整饮食，保证人体必需营养素的充足，对于提高老年人的耐寒能力和免疫功能是十分必要的。老年人在冬季进补时，首先要保证热能的供给。冬天的寒冷气候影响人体的内分泌系统，使人体热量散失过多。老年人冬天晨起服人参酒或黄芪酒一小杯，可防风、御寒、活血。体质虚弱的老年人，冬季常食炖母鸡、精肉、蹄筋，常饮牛奶、豆浆等，可增强体质。将牛肉适量切小块，加黄酒、葱、姜，用砂锅炖烂，食肉喝汤，有益气止渴、强筋壮骨、滋养脾胃之功效。阳气不足的老人，可将羊肉与萝卜同煮，然后去掉萝卜（即用以除去羊肉的膻腥味），加肉苁蓉 15 克、巴戟肉 15 克、枸杞子 15 克同煮，食羊肉饮汤，有兴阳温运之功效。

第八章 美化乡风民俗

要让乡村美起来，不仅要金山银山、绿水青山，更要文明和谐的乡风、民俗。脉脉乡情、淳淳乡风是新农村建设的终极目标，和经济建设比起来，文化建设更难，也更重要。要改变乡村的外貌可能只需几年的投入和努力，但要改变一个地方的旧俗、偏见和陋习则需要更长的时间、更多的努力及更多的心血。

第一节 乡村习俗民风的价值

民俗是民间流行的风俗习惯。它与社会生活有着密切的联系，是绝大多数人共同拥有的行为模式与价值观念。民俗是由大多数人之性情、爱好、言语、习惯等经过漫长的发展时间，在潜移默化中逐渐形成的一种风俗；是人们在长期的社会生活中相沿承袭的生活及文化活动，由诸如生老病死、衣食住行、婚丧嫁娶、宗教信仰、巫术禁忌等内容广泛、形式多样的社会生活所组成。民俗体现一定的价值观，影响着人们的意识与行为，充分体现出其社会价值。民风民俗通过长期的心理灌输，使人们形成自觉的行为方式，更好地得以交流、融合，促进人类文明的发展。民风民俗教育规范着人们的生活，维系与调节着人们的各种关系，不仅对于个人的成长有积极的促进作用，对于社会的进步也起着不可忽视的作用。尤其是从礼仪的角度科学认识民俗的社会功能，具有十分重要的价值。

一、乡风是村庄的整体精神风貌

简单地讲，“乡风”就是一个乡村的风气与民俗。“乡风”是经由生活在村庄里的村民代代相传并沿袭下来的反映一个村庄整体面貌的社会风气和基本格调。具体来讲，“乡风”是由一个村庄的所有村民基于长期积淀而形成的生活习惯、社会行为、民风民俗、精神风貌、处事风格、道德水准等构成的，包括村民之间、邻里之间、村干部与一般村民之间以及村民与外部社会之间在公共事务领域的合作准则和行为规范。这些准则和规范可以是正式的村规民约，也可以是村庄长期形成的传统习俗与道德伦理，具体表现在村民们在处理日常公共事务过程中所持的基本态度和行为当中。

【案例一】

济盗成良的于令仪

北宋时期，在曹州（今山东曹县一带）有个叫于令仪的商人，以贩卖货物为业。他一生勤劳持家，晚年时家道殷实富足，成为了当地有名的富户。他为人善良忠厚，从来不做为富不仁、欺压乡邻的事情，他以仁爱为怀，宽厚待人。

有天晚上，一个小偷潜入他家中行窃，被他的几个儿子逮住了。喊声惊动了正在书房读书的于令仪，他提着灯笼赶来，认出这个低着头站在他面前的盗贼竟是乡邻家的儿子。于令仪不禁大吃一惊，问道：“你向来是个本分的青年人，从未有过不良行为，为什么要做这种事？是不是有什么苦衷呢？”邻居的儿子回答说：“父亲近来病重，卧床不起，家里穷困请不起医生，不得已做了这样的事。”于令仪听后，不但没有斥责他，反而很同情他，于是问他想要什么东西。年轻人说：“只需十贯钱，就可以请医生给父亲治病了。”于令仪如数给了他。邻居的儿子谢过于令仪，拿着钱刚要走，于令仪又喊住他，年轻人很是惊恐。没想到于令仪却对他说：“你三更半夜背着十贯铜钱匆忙赶回家，遇上巡逻查夜的恐怕会起疑盘问，你怎么解释呢？倒不如留下过夜，等天亮了再走不迟。”

事后，乡邻的儿子十分感动，又觉得分外惭愧，从此不断上进，像于老伯那样宽厚待人，勤俭持家，最终成为了好后生。于令仪还挑选子侄中的优秀者，创办了学校，请有名望的教书先生来执教。他的儿子及侄子，陆续考中了进士，成为曹州一带的望族。

在古代邻里故事中，看到了乡村的邻里前辈通过自己的行为感化后生的动人故事。一旦这样的事迹传承得多了，也会感染和熏陶着周围的人更加团结互助、与人为善，随着这些村民们的友好和互助等善行的扩散，慢慢地就会在乡村形成一种良好的传统风尚。这些良好的乡风、村风包括了乡村整体的道德风尚、文明风气以及村民个体的精神风貌、文化素养等。具体而言包括：邻里互助、干群和谐、忠孝礼仪、尊老爱幼、勤俭自强、诚实守信、民风淳朴、移风易俗……这些优良的民风、村风、乡风是中华民族千百年传承的农耕文明留下的宝贵财富与精神内核，是村民自生内发和内化的道德规范和价值观念，更是乡村持续发展的内生动力。优良的村风、文明的乡风，既是村庄的代言，更是村民良好德行的反映。

二、文明乡风是一道美丽的风景线

在我国以农耕文明为主导的漫长的社会发展历程中，优良的乡风和村俗在整个农村生活中发挥着巨大的作用，它对村民日常行为和思维习惯的影响体现在乡村生活的方方面面，文明的乡风是乡村一道美丽的风景线。这些优良的乡风和村俗是村民们在日常生活中不知不觉慢慢形成的，看不见、摸不着，却深刻地影响着村民们的行为举止和处世态度。其实社会环境很单纯，复杂的是人的行为，一个地方的风气就是人影响人，友善的行为多了，风气就好了，如果大家都只顾自己利益不顾他人利益，风气就败坏了。

【案例二】

六尺巷的由来

六尺巷位于安徽桐城，是清代康熙年间形成的。据《桐城县志》记载，文华殿大学士兼礼部尚书张英老家的人与邻居吴家在宅基地的问题上发生了争执，两家大院的宅基地都是祖上的产业，时间比较久远了，本就是一笔糊涂账。两家争执不下，谁也不肯退让。由于牵涉到宰相大人，官府和旁人都不愿沾惹是非，纠纷越闹越大，张老夫人便修书张英，要张英出面干预，打招呼“摆平”吴家。张英到底见识不凡，阅过来信，只是释然一笑，旁边的人面面相觑，不知所以。只见张大人挥笔赋诗一首，诗曰：“千里家书只为墙，让他三尺[①]又何妨？万里长城今犹在，不见当年秦始皇。”书信托来人带回老家，家人见有书信返回，喜不自禁，以为张英定有一个强硬的办法让邻居妥协，或者有一条锦囊妙计。当家人看到回信只是一首打油诗时，一开始不免觉得败兴。后来，张夫人和家人一合计，觉得张英说得很在理，邻居相处低头不见抬头见，不如将围墙退让三尺看看。于是，主动将围墙退后了三尺。村民们交口称赞张英及家人的豁达态度。吴家见此情景，既惭愧又感动，全家一致同意也把院墙向后退让三尺。两家人的争端因为各自的退让而平息，并且化干戈为玉帛，世代交好。这样，在

① 尺丈为我国旧时计量单位。1 市尺＝10 市寸＝0．333 米

张吴两家的院墙之间，就形成了六尺宽的巷道，这条几十丈[①]长的巷子虽短，但留给人们的思考却很长。这就是有名的“六尺巷”的由来。

争一争，行不通；让一让，六尺巷。六尺巷的故事告诉我们，生活在饱含着脉脉乡情和淳淳乡风的村庄，能在很大程度上凝聚乡土人心，促进生活幸福，并且能够在维护社会稳定、推动村庄发展等多个方面发挥显著的作用。具体来说，文明的乡风在以下几个方面发挥着重要的作用。

（一）带动村民主动改善自己的不良言行

农民作为村庄的主人，当受到良好的乡风熏陶时，能够清晰地意识到一些负面的思想观念和思维方式（例如，唯利是图、见利忘义等）对村庄整体造成的危害，就会主动地调整和改变过去的陋习，而农民的思想观念和行为方式的改善，与乡风文明的促进是相辅相成的关系。一旦形成良性的循环，就会带动整个村庄风气的净化和好转。文明的、优良的乡风能够感染和带动整个村庄的风气，规范和矫正村民的日常行为，使村民能够自觉地约束自我和完善自我，进而潜移默化地提升村民的素质。

（二）增进乡村幸福生活的吸引力

“人心齐，泰山移。”在上述六尺巷的案例中，有利益诉求的双方都能够站在对方的角度考虑问题，以公共事务的利益为重，体现了优良民风、村风中蕴含的见贤思齐、崇德向善的力量。在农村社区这一相对独立的社会系统中，村庄的凝聚力是促进乡村发展和提高村民生活满意度的标尺。但应该看到，新中国成立后历次政治运动和市场经济对传统村落的渗透，使得

① 1丈=10市尺=3.333米

村庄的集体凝聚力受到冲击。如果每个村民都能够关心和重视公共事务，那么淳朴的乡风和向善的社会舆论就将成为增进村庄凝聚力和提高村民乡村生活满意度的突破口。

（三）促进整个社会环境的和谐

“你敬我一尺，我还你一丈。”六尺巷的故事告诉我们，正能量的风气能给人们和社会提供积极向上的生活氛围，使人们移风易俗、破除陋习，追求健康美好、科学文明的生活方式。在这样的村庄里生活，人和自然的关系是和谐的，人们不会为了一己私利而破坏自然环境和公共环境；人和人的关系融洽友好，家庭成员之间互爱互谅，邻里之间互帮互助，其乐融融，干群关系和谐，干部有很高的威信，公正地处理公共事务，群众积极参与村内事务。这样的村庄就是非常和谐稳定、人心所向的农村社区。

三、文明乡风靠大家

伴随着我国市场化、城镇化进程的推进，古老传统的乡村在空间布局、人口组成、社会结构及利益关系等方面正在发生着深刻的变化，有些村庄悄然消失，有的村庄已经合并，还有的变成了“留守村”、“空心村”。调查发现，面对市场经济和城市文明的冲击，古老的农村社区已然发生了巨大的变化，一些不良乡风正在村庄大行其道，比如，红白喜事场合中低俗淫秽歌舞表演盛行，扑克麻将的娱乐功能退居其次，聚众赌博现象严重，非法早婚早育现象成风，村干部缺乏威信，干群关系紧张，治安状况差，偷盗事件频发，等等。诗意化的田园生活，成为人们心中可望而不可及的桃花源。面对时代的变迁，如何传承和重塑优良村风是每个人应当郑重思考的话题。也就是说，如何让我们的乡风美起来，说起来容易做起来难。可以试着从以下几个方面入手。

（一）构建友好的邻里关系

常言道“远亲不如近邻”。但邻里相处，有时候磕磕碰碰是难免的，为了避免矛盾升级，最重要的是待人接物要心平气和，不能私心太重，要大度宽容。“退一步海阔天空，忍一忍风平浪静”，只要态度真诚，充分表达自己的礼让和宽容，定会令邻居感动。

【案例三】

罗威饲犊

东汉时期有个人叫罗威，自己的庄稼多次受到邻家牛的践踏，他和邻居交涉，邻居不予理睬。罗威并没有火冒三丈，而是想，问题的焦点在牛，那就从牛身上寻找解决矛盾的途径吧。于是，罗威每天天不亮就起床打青草，然后悄声无息地堆放在邻居家的牛圈前。牛一见到鲜嫩的青草，就大嚼特嚼起来，吃饱了就睡觉，再也不去吃罗威家的庄稼了。邻居每天起来，总看到牛圈前有一堆青草，颇感纳闷，后来知是罗威所为，既惭愧又感动，从此对牛严加看管。后来，两家的关系越来越融洽了。

这则故事告诉我们，邻里之间要以礼相待，对邻居不合理的做法采取“有理、有节”的态度，合理、妥善地解决处理。切不可意气用事，斤斤计较，双方应该互谅互让，大事化小，小事化了，不将矛盾激化，共同创造一个温馨和谐的邻里环境。

（二）建设和谐的干群关系

良好的干群关系对一个村庄的整体风气和氛围的影响至关重要，它关系到乡村社区的总体人际关系是否和谐融洽。对村干部而言，要做好村里的工作，光靠信心和勇气是不够的，还要特别注意做事的方式与方法。村官不能太注重“官”字，不能把自己当成高人一等的“领导”，要主动放下架子，将自己真正地融入到普通农民中去。这样，在开展工作的时候才能相对容易一些，也能真正体会到自己工作的意义。下面介绍的（见案例四），说明尊重民意，妥善处理干群关系的重要性。

（三）赋予村民村务参与权

幸福健康的生活离不开和睦美满的家庭，更离不开和谐友好的社区关系。要想创造一个和谐友好的农村社区，村民对村内公共事务的话语权和参与权必不可少。如今，年轻人大都外出打工，长期居住在村里的人口大部分是老人、妇女和儿童，要想召集村民开会集体商讨公共事务不是一件容易的事。案例四介绍一个通过在网上建立“村民博客”让村民直接参与村务管理的实例。

【案例四】

村民博客

——村民直接参与村务管理的创新

位于江苏省淮安市城郊的东风村，近几年经过征地、安置，3000多位村民分住四方，成为淮安市居住最散的一个村。村庄的管理成了问题，特别是召集大伙开会很不容易，这让村主任着实伤透了脑筋。看到大家都热衷于上网，村委会委员们开动脑筋，想到了通过在网上创建“博客”的形式集思广益、让村民们参与村务管理的办法。没想到，随着“东风村博客”的建立，参与讨论的村民越来越多，人气越来越旺。很多村民都把村博客设成了计算机首页，一早一晚都来看看有没有更新。在开发区打工的青年村民说：“博客相当于把村委会搬到了网上，为年轻人参与村务提供了新平台。”

“村民博客”不仅使年轻人实现了参与村务、表达诉求的愿望，也让一些中老年村民跃跃欲试参与讨论。有位50多岁的村民说：“我不会打字，也不会上网。有什么意见叫孙子过来，我说他打字，反映上去。有话网上直说，不像过去，大家有意见不知找谁、往哪说，积在心里，往往生出谣言和事端。现在不同了，有了公开表达意见的渠道，村务都非常透明，大家共同商议解决，实现了普通村民的村务决策权。”随着“村民博客”的兴旺提升了村民的“参政”意识，也促使村里的决策更加民主和科学，把群众最关心的事交给他们自己定，也带动了很多村民买计算机、装宽带，不到一年的时间，全村1231户中近1000户买了计算机，成为了“村博一族”。村主任说，“村民博客”开通一年多来，收到有价值的意见和建议40多条，实现了“村策村民定、村务村民理”，村里的好做法很多都是从博客上收集来的，从没出现谩骂的帖子。比如，像迁水厂、整治河塘、建休闲广场等村里10多件大事的解决方案，都是经村民网上多番讨论集思广益的结果，办完后没一个村民有意见。“村民博客”的实践证明，只有将决策权交给村民，困扰农村发展的一些老大难问题才能迎刃而解。

此外，“村民博客”的开通，还拉近了邻居的心理距离，和谐了干群关系。曾有因宅基地两家三代人老死不相往来的旧街坊，通过在网上聊天，化解了多年的矛盾，两家人到小饭店吃顿饭，相互敬酒，表示恩怨不能再留给下一代了。一名在苏州打工者通过“村民博客”知道了东风村，被这里淳朴和谐的民风打动，为村里介绍了一个500万美元的大项目，为东风村发展带来新的生机。

上述案例中的东风村通过大胆创新，在网上开通“村民博客”，集中民智、发扬民主，使“村民博客”成了村里民主决策和情感沟通的网上家园。“村民博客”不仅创新了农村基层管理模式，更使东风村变得融洽而和谐。赋予村民参与村务决策的机会，体现了决策的民主性和公平性，这种集思广益的做法也提高了决策的科学性。从村民的角度来看，有助于加强村民对村务决策的理解，提高了村民参与村务的热情和信心，增强了村民的社会责任感和村庄的集体凝聚力。

四、民俗乡风是乡村文化建设的根基

传统民俗活动反映了一个地区的文化发展历史，是传统的社会环境、经济环境、自然生态的产物，反映了当地群众的生活娱乐和审美情趣，更是紧密联系国家方针、政策的产物，并深受其影响。

作为世代相传、约定俗成的民俗活动，承载了农村群众的传统精神，保留了大量的传统生活方式，如供桌上的水果、猪头、鸡鸭、寿桃、方糕、粽子等；包含了丰富的文化内容，如庙会时丰富的民间文艺演出，有舞龙、打腰鼓、打莲湘、卖珠宝、挑花篮、荡湖船、唱小戏等。民俗在一定程度上体现了农村群众勤劳质朴、热爱生活的精神特质，使其在集体活动中树立正确的人生观、价值观，培养团结互助、谦让奉献的主人翁精神。

特别是推进中的乡村文化建设，以及实施中的文化品牌战略、原汁原味的传统民间节日、雅俗共赏的民间文化活动，都融洽在我们每个人的血脉和生活流程中，存储在社会各阶层的心理结构中，具有无形的凝聚力。地方特色鲜明、时代特征明显的传统民俗活动是乡村文化建设蓬勃兴起的坚实基础。

（一）乡风民俗活动是推动新农村建设的有效手段

乡风文化是中国传统文化的重要组成部分，在新农村建设中发挥着重要作用。

乡风文化是历史文明的传承。乡风文化承载的是历史发展长河中人们的精神与情感，是农村原生态的、深厚的文化积淀。目前，我国的文化生态正在发生改变，而乡风文化也以它自身传统而独特的方式集聚在农村。它所涉及的范围非常广泛，有文学、音乐、舞蹈、体育竞技、医药、手工技艺、民俗等多方面。每个人的衣、食、住、行也都浸润在他所生长的社会文化体系中，所以乡风文化在各个方面都潜移默化地影响并教化着人们的思想观念。无论时代如何发展，都需要汲取乡风文化中的精华，使乡风文化作为新农村建设持续发展的催化剂，使乡风文化更好地传承、发展下去。

乡风文化是构建和谐社会的文化基础。在和谐社会的建设中，特别是在新农村建设日益推进的今天，我们需要倡导正确的传统伦理道德，鼓励向善的个人美德，历史地、辩证地审视和正视乡风文化的发展与保护。民俗活动是乡村文化建设的重要组成部分，活动本身包含了人与自然、人与社会、人与人之间和谐、开放、可持续发展的时代特征。冯骥才先生曾经这样描述过民间乡风文化：它的本质是和谐；它的终极目的从来就是人与自然的和谐（天人合一），还有人间的和谐（和为贵），因此它是我们建设和谐农村和先进文化的得天独厚的根基。各民族、各地域的文化都是那一方水土独特的精神创造和审美创造。它又是人们乡土情感、亲和力和自豪感的凭借，以及永不过时的文化资源和文化资本。

乡风文化是新农村建设的重要财富。乡风文化反映一个地区的地理特征、历史渊源，反映当地群众的生活习俗、生存状态。积极向上的乡风文化活动有利于创造和谐的社会环境，提升当地的社会知名度。乡风文化已成为各地发展的一张无形的名片，让更多海内外的朋友知道并了解当地的风土人情。进一步说，乡风文化以其特有的表达方式以及独特的艺术魅力，陶冶人的情操，凝聚人的精神，提升人的素养。优美的人文环境、淳朴的乡间民风吸引更多的各地客商前来投资兴业。一系列民俗活动的开展，也充分体现出“文化搭台，经济唱戏”的新格局，为文化经贸交流搭建了一个良好的平台。

（二）参与民俗活动的群众是乡村文化建设的主角

农村人群中的多数年轻人外出求学，多数青壮年外出打工，很多人对于这种传统的民俗活动多是一知半解。民俗中许多带道具的表演，如卖珠宝等文艺演出已濒临失传。另外，由于缺少壮年男子的加入，许多体育竞技活动也已逐年减少。现在，很多民俗活动中身怀绝技的老艺人都已体弱年迈，或已驾鹤西归。这些宝贵的民间文化遗产也就随着人的消逝而消失。传统文化遗产的消失是无法用任何方式、任何物质来弥补的，一旦灭绝就永不再生。

另外，随着新农村建设的推进，人们的生产生活方式出现了重大转变，乡风文化的传承相对于民俗活动的口耳相承更需要抢救、保护、传承。在做好老一辈民间艺人挖掘的同时，应培养起年轻一代的乡风文化队伍，调动起农村群众参与文化活动的积极性，增强乡村文化建设的活力。

新农村建设的关键因素在于“人”，只有农民的文明素养和文化素养提高了，致富技能加强了，具有了“造血”功能，新农村建设才能长足发展，不乏动力。参与乡村文化活动的广大农民群众，才是新乡村文化的主角。同样，乡村文化只有深深根植于广大农民群众中，才有旺盛不竭的生命力。

五、民俗的五大功能

民俗是具有社会共同认可前提的。它的形成取决于大多数人的价值取向模式，而非个人喜好。因此，它形成后也对绝大部分人生效，以不同于法律法规的模式制约与影响着人们的生活，使人们在民俗理念的基础上彼此交往、相互合作。《兰州学刊》概括为五大功能，很有代表性。

（一）教化功能

社会民俗的教化功能，指民俗在人类个体的社会文化过程中所起的教育作用。社会生活总是先于个人而存在，个人不能选择他所希望的社会形式，人总是在十分确定的前提和条件下创造历史。人是文化的产物。民俗作为一种文化现象，在个人社会化过程中占有决定性的地位。人一出生，就进入了民俗的规范。人生活在民俗中，就像鱼生活在水中一样，须臾不可离开。教化功能是民俗社会功能的一个组成部分，是不同于文字等教育手段及教育设施的特有形式。它通过一些民俗事项，如神话、寓言等发挥着教育工具的作用；着重在伦理道德、行为规范、团体与个体关系等方面对下一代人进行渲染与培养。同时，民俗事项在一定程度上保持了文化的稳定，使一些活跃的、强有力的（社会）力量得以发展延续，不断推进人类文明的进步。如各种风俗、祭祀、礼仪不仅保持了文化，而且强化了人们的民族意识，使其保持和延续自己文化传统上的责任与义务。礼仪要求人们自觉遵守社会所倡导的行为规范，并且纠正那些不合乎规范的行为。它通过教育和修养的手段，提高人们的自觉性，从而形成行为自律，鼓励和引导个人在思想修养等方面趋于完美的境界。

如在中国，对于长辈的称呼，一定要有敬称，不能直呼其名。这虽然看似自然，却也是一种民俗的发展结果，成为礼仪最基本的部分。这种礼仪的形成，没有什么强制手段，采用约定俗成、继承延续的自然方式，使得尊敬长辈成为内心自然而然的情感留存，也增添了社会秩序的有序性。

（二）规范功能

社会民俗的规范功能，指民俗对社会群体中每个成员的行为方式所具有的约束作用。人类社会是群体社会。许多人生活在一起，就必须建立必要的秩序。没有秩序就会乱作一团，没有规矩不成方圆。就是孩子们在一起玩游戏，也得制定大家都认可的游戏规则，并且大家都遵守这个游戏规则，游戏才能顺利地进行下去。推而广之，人类社会的群体生活要能进行下去，使得人们能够和谐相处，就需要建立一种适宜于这一群体生活的正常秩序，并用一系列被群体成员普遍认可的行为规范来约束，以保证这种秩序的正常运行。规范功能是民俗事项的另一重要功能，它具有实施社会压力和社会控制的作用。许多民俗事项并不是法律，但在某些情况下却具有法律的功用，对人们的思想和行为具有强烈的约束效果。这种约束作用一般是借助于强大的社会舆论和人们的良心、负罪感、内疚感等一系列心理活动来达到的，是一种自律的变相表现方式。它通过一种暗示方式左右着人们的行为，而非暴力手段。而各种习俗、惯例、禁忌等民俗事项都具有这种功能。礼仪为人们划定了行为的得体或失礼的范围，制定出人们应该具有的行为模式与标准，是人们自尊心的必然要求。人是社会性生物，需要社会的认可，是活跃于集体中的因子。缺失了礼仪会造成一定程度的被冷落、被排斥，而这种心理就成为民俗中的礼仪起作用的主要动因。如中国传统的待客之礼，应是主动、周到；与客人交谈要精力集中，不能漫不经心，交谈中，不能自顾读书看报或频频看表，这些都是不尊重对方的。有些人追求所谓的“随意”，但一定要建立在礼貌的基础上，否则就成为缺少内涵修养的表现。尊重民俗礼仪也是尊重自身文化的方面，不能忽视。

（三）维系功能

社会民俗的维系功能，指民俗统一群体的行为与思想，使社会生活保持稳定，使群体内所有成员保持向心力和凝聚力。

民俗不仅统一着社会成员的行为方式，更重要的是维系着群体或民族的文化心理。每个民族或社会群体，都生活在特定的自然条件和社会环境中，有自己独特的历史道路，因而形成了特定的集体心理。民俗是人们认同自己所属集团的标识。例如，世界各地的华侨虽然身处异地，但他们通过讲汉语、吃中餐、过中国传统节日等方式，与自己的民族保持认同。中国是多民族国家，每一个民族都有其本民族的特色与特点，有着区别于其他民族的习惯与生活方式。这是历史发展的结果，形成了独特的民俗。而所有这些却维系着一个民族所有人的关系。不管何时何地，本民族的成员都会有一种特有的默契，保持相协调的状态发展进步。而所有的民族又因为中国几千年的独特习俗，共有中国人生活的特点，如饮食、居住等方面的共同特征。这又维系着所有民族的关系，在同一个国家中共同奋斗、共同发展。礼仪也是这样一种规范。有了礼仪，人们就有可能谋求进入有序的轨道。人与人之间有了正常的交往与协作，也就有可能使得群体产生向心力和凝聚力，从而进一步保证社会的稳定和健康的发展。不同民族的人们在一起，应相互尊重民族习俗、民俗礼仪。对于有宗教信仰的少数民族人群，应尊重其宗教信仰，不应嘲笑、讽刺。相互的尊重可以促进关系的融合，从大处着眼也有利于社会的稳定。民俗的维系功能十分重要，它起着稳定社会格局的作用。对此项功能的深入研究，有利于国家乃至整个国际社会的稳定与繁荣。

（四）调节功能

社会民俗的调节功能，是指民俗活动中的娱乐、宣泄、补偿等方式，使人类社会生活和心理本能得到调剂。在社会民俗这个领域里，尤其要指出的是在人际交往过程中的一系列习俗惯例，往往是协调人际关系的一种润滑剂和调节器。《史记》里记载了一则张良年轻时候的传说，一直为人们所称道。张良当年在毗桥散步，一位老人故意把鞋落到桥下，让张良去拾。张良心中不快，不过想到他是老年人，就忍了下来，不仅帮老人去捡鞋子，而且还恭恭敬敬地替老人穿上。老人称赞他："孺子可教也！"并约他5天后在刚天亮时到桥上来相会。张良赴约，却两次比老人到得迟。老人很生气，批评他说："跟老年人赴约，怎么可以迟到？"要他再过5天再来。第三次，张良未到半夜就等候在桥上。老人很高兴，说："当如是。"于是送给他一部极有价值的天书，据说这部天书成就了张良。这个传说有虚构的成分，却真实地反映出了人们对历史的理解。不难看出，在古代的社会民俗中确实有许多尊老的内容。对于年轻人对待老年人的行为方式，形成了一系列的规范和约束。张良遵循了这种规范和约束，表现出良好的礼仪行为，才获得了与老人交往的成功。民俗的调节功能通过纠正人们的行为方式，塑造良好的社交形象，来达到协调人际关系的目的，并且，在一定程度上，以某些特有的方式调节人们的内心情绪，促进了社会的稳定。

人们需要共同的社会群体，因为共同的生活有利于个体的自我保存。这种共同生存方式要求限制个人自由、强迫劳动、压制个别社团成员的利己私欲等。要想使人类的行为符合社会的需要，只能依靠强制的力量。民俗运用其特有的功能限制与调节人们的各种活动，使人们更好地在社会中发展前进。民俗事项中的笑话、绕口令、童谣等往往具有明显的心理调节功能。某些民俗的活动，如民间歌舞、民间竞技等也在不同程度上调节着人们的心态。礼仪也同样具有调节人们生活状态的作用。

在现实生活之中，按等级分配仍然是不可避免的。如在大型的会议中，主席台上的座位都是按照一定的等级秩序来安排的，以保证仪式的规范与正常进行。这种调节功能就是礼仪民俗所特有的。同时，礼仪也在人际关系的交往中起很大的作用。良好而得体的礼仪可以化解矛盾，使人们以礼让的态度互相对待，从而形成良好的交际氛围。如在民间礼俗中，寻求合适的时机送上一份恰当的礼物来弥合存在的裂痕或沟通已疏远的朋友，都是调节的表现。在公共场合妨碍了别人时，礼貌的“对不起”等便可缓和气氛、化解冲突。

（五）教育功能

社会民俗的教育功能，主要表现在社会群体对其成员的教化作用。从一个人出生之时起，他生于其中的风俗就在塑造着他的行为。到他能说话时，他就成了自己文化的小小创造物。而当他长大成人并能参加这种文化的活动时，其文化的习惯就是他的习惯，其文化的信仰就是他的信仰。这样一种教化过程，一般不是由学校教育来完成的，而是由社会民俗来实施的。首先，在每个孩子自己的家庭里，由家庭这个社会组织来实施。在孩子稍稍长大些后，在他所在的家族和村落里，他周围的人也用各种方式热心地教化他，告诉他或是暗示他哪些是民俗允许他做的，哪些是民俗不允许做的，并且教会他一系列的行为规范以及行为规范所赖以存在的文化心理。此后，当他每进入一种社会组织，这个社会组织的其他成员便立即会用种种方式帮助他迅速地习得该社会组织里的习俗惯例。

民俗和法律不同，后者通过强制手段强制约束人们的行为；而前者虽然有一定程度上的强制，但更多的是一种软控，重在自律，是一种潜移默化的过程。也就是说，社会民俗对个体成员的要求，主要是通过示范、灌输、评价、劝阻等教育方法，要求人们遵守社会所倡导的、所允许的那些行为规范，并且自觉纠正社会所不允许的行为方式。民俗是具有社会性的，它与人们的生活息息相关，它的社会功能体现在各个方面，而礼仪中的体现只是很小的一个支流。它在一定程度上反映了这些功能的巨大价值，具有代表性。社会民俗的被遵循，不仅仅是一种行为方式的习得，同时还在文化心理上产生了深刻的作用。逐渐地，全体社会成员便有可能形成大致相同的价值判断定势。由此可见，社会民俗的实施过程实际上也就成了一个社会成员接受教化的过程。民俗礼仪是社会生活不可或缺的重要内容。它使人们具有自觉的意识，更加文明，更加进步，增强自身的自尊、自律、自信，为民族的振兴与国家的繁荣而不断努力。民俗学是一门价值性极高的学科，应加强对其重视程度，以求在相关学科得到应用，促进共同的发展，更好地指导人类的生活。

六、民俗促进区域经济繁荣发展

农村的民风习俗是乡村民众在长期生活中所形成的生活方式与行为习惯，是具有鲜明特色的乡村文化。它既反映了村民的生存、生活状态与精神面貌，又维系着农村生活秩序与邻里关系，对农村社会稳定与经济发展具有十分重要的影响与作用。

（一）有利于提高地区的知名度

各地的民风民俗有各自的特点，因而对于提升地区的知名度有重要作用。

各地举办文化节的目的就是进一步提高地区的知名度。充分挖掘农牧业特产资源、特色文化，展示乡风文化魅力，可进一步提高其知名度、美誉度和外向度。集中推介以民俗民风为代表的丰富优质文化资源，开展经贸洽谈和招商引资活动，可以让更多的人了解自己，从而促进经济社会更好更快地发展，展示深厚的文化底蕴，树立文明开放的形象。通过各种民俗民风文化节，使外界的朋友更多地了解当地丰富的民俗民风文化资源，使当地的经济发展获得新的契机。应发挥民俗民风文化的综合效应，打造文化品牌；通过“文化搭台、经贸唱戏”促进招商引资和经贸合作；推动经济强县、文化名县建设；打造与民俗民风有关的文化和经济产业，加强与企业的合作，使民俗民风文化与市场经济紧密结合起来，形成一批经济效益佳、社会影响力大的相关产业，促进区域经济快速发展。

（二）有利于凝聚民心

乡风文化是民族精神、个性特征的载体，具有团结社会的凝聚力与亲和力。乡风文化还可以教化人心、匡正风气。民俗还是法律的补充，社会治理需要有效地运用民俗的力量。譬如，春节所表现出的敬奉祖先、家庭和睦、邻里和谐的“和合”精神，“端午”节所崇尚的对真、善、美的执着追求及强烈的爱国主义情怀，“七夕”节所蕴含的忠贞不渝、诚信友爱的观念，重阳文化所尊奉的“五伦之孝，推家至国，以孝齐家，以孝治国，达至和谐大同”的传统美德等。倡导对传统节庆的弘扬，对于尊崇人伦观念、规范言行礼仪、调和人际关系、调适群体生活、提升道德水准乃至构建和谐社会无疑具有其重要作用。

（三）有利于发展特色旅游文化

民俗是最活跃的旅游资源，民俗涉及旅游的行、游、住、食、购、娱的方方面面。应综合开发，发挥它的综合作用。因此，对乡风文化的旅游开发进行研究已成为当今一个十分重要的资源。应秉承深厚的传统民间文化底蕴，开发历史古迹，竭力弘扬马戏、杂技等一批非物质文化遗产，发展观光农业，把农业与文化融合起来，力求突出“特”字；办好各种艺术节，着重打出“精”字；主推文化游，在对民风民俗现状有深刻了解的基础上，对民间艺术和民风民俗要大力宣传，让更多的人来观光旅游。

第二节 我国乡村的社会习俗变迁

社会习俗是指历代相习、积久而成的风尚、礼节、习惯的总和。它具有相当大的稳固性，但社会习俗并非静止不动，尤其是在社会急剧变革的时期，社会习俗的兴衰表现得尤为激烈。中国新时期的经济改革以农村为突破口，改革带来的经济发展必然会促进中国农村社会习俗的变迁。

一、我国乡村消费习俗的变迁

消费习俗是与人们的社会生活联系最为密切的方面，也是最为活跃、最易变化的习俗因子，一般可以概括为服饰、饮食、居住、出行几个方面。

（一）服饰习俗的变化

由于各种因素的影响，中国人服饰的单一与趋同现象非常显著，农村当然也不例外。尤其是由于经济条件的限制，“新三年，旧三年，缝缝补补又三年”，不仅是一种社会风气的提倡，在农村更是一种万不得已的选择。

从服装质料上来说，20 世纪 80 年代，中国农村的棉布消费减少，呢绒、绸缎、化纤布、毛线等的消费增加。其中，化纤布、呢绒的消费增幅最大。这与 20 世纪 90 年代末的“返璞归真”（即转而倾向于纯棉类的消费）刚好相反，但的确反映了当时的服饰消费时尚。在服装的颜色上，农村同城市一样，开始以五彩缤纷取代了过去的蓝、灰、黑。在服装的样式上，开始由注重实用转为注重美观，喇叭裤、连衣裙、夹克衫、西装等也成为农村年轻人的时尚。尤其是一些外出“见过世面”的年轻人，成为农村新式服装普及的领头人。许多农民尤其是年轻人不再让裁缝做衣服，而是开始消费成品衣。农村集镇的服装店逐渐多了起来。浙江温州等地面向农村的服装市场的兴起，也正式开始于20世纪80年代。一些农村的年轻女子也开始佩戴项链、戒指、耳环等各种饰品，高跟鞋、丝袜、化妆品成为农家女子的偏爱。在发式上，改革开放前，农村男子多为平头或光头，女子多为短发或两个发辫。到20世纪80年代，许多年轻人大胆改变了发型，男子留起了分头，当时一度在城市流行的男子长发在农村也有过一定市场。许多年轻女子开始烫发、盘发，有的留起披肩长发或扎起一个马尾巴，扎着两根长辫子的“村姑”形象成了过去。理发店、美容店在农村的集镇上也日益增多。

（二）饮食习俗的变化

中国是世界上饮食文化较为发达的国家。总地来说，中国经过几千年的发展，已形成了自己独特的饮食模式，并且一直没有多大变化，即以五谷为主食，以各种蔬菜、肉类为副食。这一传统饮食模式的稳定性在农村的体现更为显著。但由经济因素决定的具体的饮食构成，在不同的时期还是有所不同的，从而也就带来了饮食习俗的变化。由于改革开放以来农村经济的发展，自20世纪80年代以来，中国农村的饮食习俗发生了不小的变化。

据统计，我国农村大多数地区已基本实现了以细粮为主食，玉米、红薯等粗粮的消费量已很小。在一些经济发达地区的农村，这些粗粮甚至已成为饲料用粮。肉类的消费从偏重于白肉转为偏重于红肉。肉类、家禽、蛋类等副食品的消费从节日消费型转为经常消费型（当然还不是日常消费型），消费量进一步增长。蔬菜的消费也有变化，如山东农村一带，过去冬天除了萝卜、白菜，就是以盐腌咸菜下饭。从20世纪80年代末开始，由于大棚蔬菜的推广，农村开始同城市一样，冬天也可以吃到各种新鲜蔬菜。咸菜虽然还没有完全退出农民的饭桌，但消费量已明显减少。以上这些变化，在一定程度上反映了 20 世纪 80 年代以来农民生活水平的提高。

（三）居住习俗的变化

首先表现为居住条件的改善。由于农村经济发展带来的农民收入的增加，自 20 世纪 80 年代以来，在中国农村形成了一股翻盖新房的热潮。在房屋的用料上，原来是以土坯、木料为主，20 世纪 80 年代的新盖房屋则开始以砖瓦、水泥为主要原料。在住房的样式上，一改原来的传统模式，呈现出多样化的特点。在北方农村，新盖房多为脊顶的平房，从 20 世纪 80 年代中期开始时，兴平顶的平房，并开始有部分富裕农民盖起了 2～3 层的楼房，而且除考虑实用外也开始注重美观。南方农村的新盖房屋则以楼房居多，但房顶大多仍采用传统样式（这与南方多雨有一定关系）。在居住模式上，在改革开放以前，虽然农村家庭小型化的趋势一直在持续，但由于住房条件的限制，“农村的分家居住多数只是在原居住内划分若干小的单位”。到 20 世纪 80 年代，农村盖起新房后，一般多是老人仍住原来的旧房，而青壮年一辈住新房。老房多在村落中间，新房则多在村落边缘的交通方便地带。这种趋势一直持续至今，给农村的村落规划和家庭关系带来一定影响。

其一，由于新建房屋多在村落边缘的交通方便处，尚可以统一规划，而村落中心原来随意修建、布局杂乱的旧房仍然保存，这种农村村落的“中空”现象，给农村今天的城镇化带来问题。在今天，许多农村地区的规划建设中，旧房拆迁是一个令村干部头痛的难题。这一难题，应该说就是始于 20 世纪 80 年代乡村的无规划建设。

其二，它虽然给农村核心家庭趋势的发展提供了条件，但是由于家庭承包责任制的实行，农村家庭的生产职能在一定程度上有所恢复。家庭作为一个生产单位的存在，使“三代直系家庭比一对夫妇和未婚子女组成的核心家庭优越”。这种家庭模式，实际上既不同于传统的大家庭模式，也不同于标准的核心家庭模式。因为在这种家庭模式下，农村的老少两辈多数分开居住，但在生产、抚育后代等方面又仍然联系密切，将其称为边缘状态的核心家庭或向核心家庭的过渡可能比较合适。

其三，它给农村家庭的养老带来一定问题。鉴于经济发展水平等种种条件的限制，中国传统的反哺式家庭养老模式在农村一直没有多大变化。直至今天，家庭养老仍是也必须是“中国养老模式的基石”。但农村这种老少分居的居住模式给农村的养老带来了不少问题。无论就这一点还是就中国人传统的家庭情结来说，核心家庭模式未必是中国农村最理想的家庭模式。

（四）出行习俗的变化

在改革开放以前，农村传统的交通工具如人力车、畜拉车等仍是农民短途出行常用的交通工具。在 20 世纪 80 年代，自行车、三轮车、拖拉机等成为农民短途出行常用的交通工具，尤其是自行车的数量在当时的中国农村有很大增长。而长途交通工具，如汽车、火车、轮船甚至飞机等现代交通工具，随着农村经济的发展，已不是城市人的专利。农民的出行观念从 20 世纪 80 年代开始也在发生变化。在此之前，农民的短途出行多为走亲访友、逛集市，不是万不得已一般很少做长途出行。从 20 世纪 80 年代开始，这种情况发生了很大的变化，外出打工、经商甚至旅游、出国等都成为农民的出行目的。反过来，这些出行又给出行者本人和当地农民带来了生活和观念上的许多变化，成为农村社会风俗在各方面进一步变迁的驱动力。

二、我国乡村礼仪习俗和民间信仰的变迁

从 20 世纪初至 21 世纪初，中国走过了不平凡的历程。这 100 多年里，人们的社会生活礼仪习俗、民间信仰发生了极大的变化。改革开放以后，由于与世界的联系愈加紧密，我国逐渐又跟上了国际的潮流。这些变化就在人们身边，并不断被我们感受着。

（一）礼仪习俗的变化

在交往习俗上，一方面，以血缘和邻里关系为纽带的传统交往习俗继续存在；另一方面，交往的范围在地理空间和社会空间上都有所扩大。在地理空间上，有的跨县出省甚至出国；在社会空间上，开始打破同一社会地位、经济水平之间的交往界限，如与外资或全民联营、与科研或高校挂钩等。新的交往方式如电话、展销会等在一些经济发达地区的农村也开始占有一席之地。交往纽带在注重血缘和邻里关系的基础上开始注重多种社会媒介关系，如朋友、同学、同行等。在称谓方面也有变化，如以前农村对父母的称谓各地就不一样，对父亲有“爹”、“爷”、“大”等称谓，对母亲则有“娘”等称谓，这些称谓都具有地方特色；逐渐统一为称父亲“爸爸”，称母亲“妈妈”。对于其他交往上所用的称谓，农村基本上仍取传统的家族、亲属称谓。正式的“同志”或官职称谓在村民之间很少用。“老板”、“小姐”等新称谓在农村多带有一种戏谑的色彩，朴实无华。这或许一直是乡村礼仪的本色。在婚丧礼仪方面，对于农村的传统婚嫁风俗，就汉族来说，主要分为聘媒求婚、送礼订婚和娶亲出嫁三个方面。在一些文化发达、交通便利、受城市直接影响的农村，自由婚恋已成为婚嫁中的主流。许多农村的年轻人简化烦琐的传统结婚礼仪，响应政府的倡议，实行婚事新办，给当时的中国农村带来了一种新气象。不过，送

礼、迎亲、婚宴、闹房等传统风俗在大多数农村还是继续存在，这些具有传统特色的礼仪倒也无可非议。关键是一些带有封建迷信色彩的婚嫁礼仪在农村不少地区有所回升，尤其是婚姻消费上大操大办、铺张浪费的现象，这一方面是农村经济发展、农民富起来的表现，另一方面也是在婚姻消费上的一种错误观念的反映。

农村传统的丧葬礼俗也比较繁杂，主要包括报丧、设灵堂、斋事和出殡入葬。新中国成立后，大部分农村的丧葬礼俗发生了很大的变化，“看风水”、“设道场”基本上不再存在，一些靠近城市的乡镇开始实行火葬。政府继续提倡移风易俗。1981 年 12 月，民政部提出进行殡葬改革，大力提倡节俭办丧事和进行火葬，使农村的丧葬礼俗发生了一定变化。农村基本上实现了死者火葬。但与此同时，一些传统的丧葬礼俗却开始重现。以北方农村为例，死者葬礼期间要请乐。过去是唢呐等传统乐器，20 世纪 80 年代后的变化是加上了录音机和麦克风。过去给死者扎纸牛、纸马等陪葬，20 世纪 80 年代的变化是加上了各种家用电器。国家提倡火葬的目的之一是节约耕地。在北方农村，死者火葬后仍要入棺下葬，根本就达不到节约耕地的目的。在南方农村，由于山地较多，许多地方火葬政策至今仍未普遍推行。以上情况说明，中国农村丧葬礼俗方面的改革，确实存在一定困难。

（二）民间信仰的变化

民间信仰是一个正宗宗教信仰和俗化的宗教信仰的杂糅。我国从 1949 年开始，一方面，提倡宗教信仰自由；另一方面，大力宣传破除封建迷信。尽管新时期以前，在实践上，这两方面都曾经失之偏颇，但它们在理论上的合理性是应该肯定的，因此这些政策在 20 世纪 80 年代得以继续。最可肯定的一点是，此期人民政府开始切实注意划清宗教信仰和政治问题的界限，关于宗教信仰的政策逐渐褪去了“阶级斗争”化的色彩。这就为20世纪80年代之后民间信仰的回潮提供了可能的氛围。在中国农村，活动较多的主要是佛教和基督教。在南方农村，信奉佛教的人较多，较大的村庄几乎都有佛堂，而这些佛堂的修缮大多是在20世纪80年代中后期开始的。南方各地大量的寺庙留存、保护与修缮，确非北方可比。在北方农村，主要是俗化的宗教信仰开始恢复，如春节祭灶、请财神、重修土地庙等。北方农村还出现了一个新现象，就是信仰基督教的越来越多。总的看来，南、北方农村民间信仰的开始回潮都发生在20世纪80年代。虽然这一时期的信仰活动在逐步公开化，但新中国成立以前那种有组织的集体祭祀活动基本上没有，多是进行一些个体（主要以个人或家庭为单位）的、非制度化的信仰活动。由于农村社会的日益多元化，民间信仰的恢复空间是有限的，不会成为农村社会信仰的主导力量。关于农村民间信仰回潮的原因，除了政府合理的政策调适外，改革开放后的经济发展也提供了一定的物质基础。从更深层次上说，新中国成立初期的民间信仰改造主要触及物质和制度层面，而对观念层面的改造则失于肤浅。因此，20世纪80年代开始农村民间宗教信仰的回潮应该说只是从人为控制重新恢复到正常变迁的轨道，并非是简单指责的对象。就民间信仰本身而言，其内容和作用也不能简单否定；剔除民间信仰中的迷信因素，也并非单独的人为力量所能为。

三、新时期乡村习俗变化的主要特点

在新的时期，乡村习俗发生了历史性的巨大变迁，表现出了时代性、多元化与复杂性等鲜明特点。张国民在《新时期农村习俗变迁浅议》中，概括为以下几个方面。

（1）时代的进步性与创新性。乡村习俗变化的主要特点首先表现在村民思想观念的进步性。无论是对党的农村方针政策的思想认识上，还是看问题的思维方式上，基本上使用现代的眼光与标准看待事物。其次是行为方式的时兴性。尤其是礼节性、交往性、表演性、展示性的新习俗在内容与形式上，都注入了时代的元素。在消费习惯上也发生了变化，即在服饰、饮食、居住和出行四个方面反映出了时代的特点。再次是适应农村的创新性。在农村出现许多新的现象，如节日里父母随子女进城过节或外出旅游等。这都是村民根据时代创新的新习俗。

（2）鲜明的丰富性与多样性。乡村习俗已不是单一的乡土文化，而是趋向多元化，呈现出了内容的丰富性与形式的多样性。乡村文化与城市文化交融。农村人有农村人的规矩，乡土气息浓厚，但在新时期，农村人往往更倾向于跟着城里人走，同时城市文化通过各种渠道带到了农村。这样就使农村人的生活习惯、行为方式、礼仪往来、婚嫁仪式等发生了很大的变迁，有些方面与城市人趋向一致。在千百年的历史发展中，形成了一些较为固定的风俗习惯。有许多还相传至今，如春节的贴春联、贴窗花和倒贴“福”字、贴年画、守岁、放爆竹、拜年等，但在这些传统的节日里，无论是内容还是形式都已融入了现代的清新时尚文化。乡村习俗“五里不同风，十里不同俗”，具有鲜明的地方特色与纯朴的自然风格。

（3）复杂的冲突性与转变性。乡村习俗形成历史的悠久性与形成环境的地域性，具有浓厚乡村色彩的独特性。而具有悠久传统的乡村习俗，总体随时代而发展，呈现着文明与进步，但在这种原生态的习俗中，往往带有一定的陋习甚至是恶习，造成了很大的铺张浪费。乡村习俗具有浓厚的乡村历史文化根基。在新时期，一方面，出现了移风易俗、新事新办的可喜进步；另一方面，出现了复古的现象。民风淳朴、淡化功利一直是乡村习俗的亮点与特点，但在新时期，原本为非功利性的乡村习俗中增加了很多的功利性。如婚嫁、殡葬等事宜，原本为邻居相互帮忙，而演变为雇佣服务关系（专业服务队来完成）。农忙季节或修改房屋，原本也是邻居相互帮助，而现在演变为打工。这样使相互帮助的关系转变为雇佣关系，情义关系转变为利益关系。

第三节 乡村习俗的继承与发扬

乡村习俗原本属于农耕文化，具有极大的包容性、开放性、融合性，它能够对各种文化兼容并蓄而保持自身独有的特色。乡村习俗作为文化现象，是农村社会存在、经济基础以及经济关系的反映。乡村文化的衰落已经成为当前农村人的普遍问题。继承乡村传统文化就应该找到传统文化的根，从而打造农村精神家园。

一、寻找乡村传统文化的根

乡村传统文化的根即具有浓郁气息的乡村传统文化。既有传统的以民间节日、宗教仪式、戏曲为中心的地方文化生活，也包括曾经相当活跃的、与集体生产相伴随的农村公共生活形式，更有农村日常生活形态和农村独到的文化精神内涵。这是农村人曾经的精神支柱，是心灵家园。而如今，这些乡村传统文化在慢慢流失。对于年轻一代农村人来说，乡村传统文化的缺失，让其无法对乡村文化产生亲和力、归依感。他们生命存在的根基就极易发生动摇，成了在文化精神上无根的存在。对于农村来说，生态环境的恶化、家庭邻里关系的淡漠和紧张、社会安全感的丧失，使乡村生活已逐渐失去了自己独到的文化精神内涵。农村人已经深入社会的每一个角落。如果这个群体的文化以及精神发生了偏差，整个社会也会发生文化以及精神偏差。因此，一方面，要以继承和发扬传统文化为契机，重塑乡村文化。政府要带头弘扬和保护乡村传统文化，传统的节日要发扬光大。尤其是在解决留守家庭子女和老人问题时，要给予他们更多的关照。唤起村民对传统风俗文化的记忆，丰富村民的业余生活，拉近村民之间的亲密关系，营造良好的乡间伦理氛围，找回朴实的幸存文化。另一方面，要以改善和发展乡村教育为抓手，沉淀乡村文化。基层政府要加强乡村的基础教育，加大对乡村教育的扶持力度，提升乡村教育水平。各级政府还要采取切实行动解决农民工子女求学问题，最大限度地消除不公平待遇。要加强乡村的公民教育，促进道德修养和文明意识的提高，帮助农村人摆脱“被利益化”的意识形态而重回和睦淳朴的乡村文化生活。只有真正让农村人找到失根缘由，寻找到属于自己的传统文化之根，才能不断发扬乡村传统文化，重塑农村精神家园。

二、与时俱进，促进文化的现代化

在不同历史阶段上的民俗也会共存，其中既有繁华的都市民俗，也有古朴的乡村民俗，还有部分地区不同程度地保持着原始的民俗生活形态。很多民俗反映了百姓送走往日穷苦，迎接美好新生活的传统心理，其本身的出发点无疑是好的，但是在不同的时间、不同的地点，其产生的影响是完全不同的，因此这也需要在解读民俗的时候，应该与时俱进。现时代，乡村习俗已不是封闭的体系，而是在现代文明的影响下注入了现代的元素，尤其是现代文化的传播几乎没有了国界与城乡的壁垒。在这样的时代背景与村民心理的相互作用下，都市文化不断地传入农村，使乡村习俗由传统型向现代型转变。农村改革的深化，带动了乡村习俗的巨大转变。农民富裕后，就有能力提高自身与家庭的文化素养了，其思想观念、思维方式以及行为方式就会有变化。这一切都能带动乡村习俗的变迁。总的看来，经济越发展，农民越富裕，乡村习俗的变迁就越大。在改革开放的伟大进程中，广大的乡村民众受到党在农村的宣传教育以及各个方面的影响，思想观念逐渐发生了深刻的转化，乡村习俗也随之发生了变化。村民消费观念的转变、婚姻家庭观念的转变以及开放意识与商品交换意识的确立，使乡村习俗呈现出了新思想、新理念与新文化。由于自然环境与人文环境的差别，民俗常常会呈现出错综复杂的特点。要想全面而准确地把握一般民俗所具有的全部特征，事实上是很难的。现在，许多人对于民俗是“想爱又不知如何去爱”。只有让那些精致的乡风文化传承和保留，并有选择性地继承，才能使村民的生活更加丰富多彩。

三、对乡村习俗积极引导

正确引导乡村的乡风文化和民间艺术，剔除乡村风俗、仪式、艺术样式中那些不健康的东西，把蕴涵新内容、健康、美好的文化信息注入其中。只有对具有新内容、健康、美好的文化信息和文化生活方式进行继承和发扬，培养农村文艺人才，兴建基础文化设施，成立演出队伍，举办农民自己参与其中的文艺活动，才能最终使文化细水长流，生根发芽，开花结果。

加强对乡村新习俗的引导，最根本的在于加强党对农村工作的领导。要想让先进健康的文化在乡村扎根，除了要加强组织引导，调动国家、集体、个人及各方面的积极性，更应该大力培养乡村文化骨干，加强对乡村文化市场的培育和管理，加大清除“文化垃圾”的力度，开展“以文养文”，多渠道增加文化投入，鼓励、激发乡村本土文化的自力更生和发展繁荣。在教育农民、促进农业发展方面，必须在农村加强党的领导，加强党对乡村文化的领导，使乡村习俗沿着文明健康的社会主义方向发展。这就要把乡村文化的发展与习俗变迁纳入党的重要议程之中，规划乡村文化的发展目标，引领乡村习俗的变迁趋向。首先是要尊重乡村社会的特点，区别对待乡村习俗的不同作用与影响，但对于关系到村风民俗发展的方向性问题，要始终把握之、引导之。实践证明，新中国成立以来，尤其是改革开放以来，乡村习俗之所以发生了巨大的变化，是与党在农村开展宣传教育工作分不开的。没有教育就没有新习俗的形成。要通过宣传教育，进一步使农民认识和掌握党在农村的各项方针政策，特别是建设经济发展、生活富裕、村风文明、村舍整洁、管理民主的新农村的大政方针与各项举措，提高新认识，明确新目标，形成新观念，确立新思想，养成新习惯，建立新关系，使农村优良的传统习俗继续得到弘扬，负面影响逐渐受到消除，使新的乡村习俗逐步地树立起来。

第九章　形成优良家风

家，是世间最温暖的地方。如果说亲情是维系一个家庭的灵魂，那么家风就代表着一个家庭的影响力和美誉度。家风是中华民族传统美德的现代传承，我们中华民族5000多年的灿烂文化孕育出了许多优良的家风传统，并且一直延续至今。优良的家风是人们立身做人的行为准则，也是社会和谐的基础。好家风能培育出好儿女，好家风令家庭生活更加幸福美满，好家风能使家业兴旺、普泽后世。

第一节　家风是家庭最宝贵的精神财富

简单地说，家风就是一个家庭或者家族的风气，也有人叫“门风”。家风是一个家族代代相传沿袭下来的体现家族成员整体情况的基本风气。具体来说，家风一般包括如下内容：家庭成员为人处世的态度、行为准则、精神风貌、道德品质、审美格调和价值观，等等。

也就是说，家风是由家庭成员的处事态度、日常行为和精神品性等因素营造的，存在于家庭的日常生活之中，表现在家庭成员处理日常生活各种关系的态度和行为当中。一个家族的“家风”往往体现在有德望的祖先定下的“家训、家规”中，这些“家训、家规”其实就是人们常说的“家教”。无形的“家风”必须依赖有形的“家教”而得以流传并发扬光大。

习近平同志在党的第十八届中央纪律检查委员会第六次全

体会议上，着重强调了家风的重要性。习近平指出：“家庭是社会的基本细胞，是人生的第一所学校。不论时代发生多大变化，不论生活格局发生多大变化，我们都要重视家庭建设，注重家庭、注重家教、注重家风。”“在培育良好家风方面，老一辈革命家为我们做出了榜样。”习近平在写给父亲的祝寿信中说：“自我呱呱落地以来，已随父母相伴 48 年，对父母的认知也和对父母的感情一样，久而弥深，从父亲这里继承和吸取的高尚品质很多。父亲的节俭几近苛刻。家教的严格，也是众所周知的。我们从小就是在父亲的这种教育下，养成勤俭持家习惯的。这样的好家风应世代相传。”这些家规严、家风正的佳话，既彰显了老一辈无产阶级革命家特有的风骨，也为我们普通百姓树立了榜样。

作为普通百姓，我们也许不需要像这些伟人那样提出明确的家规、家训。在日常生活当中，通过自己的言传身教给子女做出榜样。俗话说，榜样的力量是无穷的，有孝顺、善良、正直的父母，才有孝顺、善良、正直的子女，所有子女的问题都是父母教育的问题。一家人生活在一起，如果能够做到长幼有序、和谐相处、互敬互爱、亲密无间，就会让家庭生活沉浸在轻松、愉快、温暖的环境中，孩子也会在潜移默化中健康成长，优良的家风将得以传承和延续。

第二节　好家风是正能量的源头

家风与社会之风是息息相关的。家风纯，则民风正；民风正，则家国安；家国安，则万事兴。家，可以说是整个社会的最基本单位，但就是这一个又一个并不起眼的小家，关系着整个大国大家的安定。自古以来，家就被视为一种文化，它是影响家庭成员一生的精神文化。

每个家庭都是一个独立的小社会，大社会的和谐与正能量的获取，都需要每个家庭的贡献。因此，生活中的我们不要忽视和轻视自己家庭的力量，从家庭内部入手，从树立好家风开始，激活自己的人生正能量，让这些能量与家风形成互动，从而让家风真正成为人生正能量的源头，影响一个家庭中所有成员共有的生活习惯、思维方式及言行举止，同时，也培养了家庭成员的品格、文化素养和道德情操。

“家是小社会，大社会则是千万家”。一个个家庭的家风影响着整个社会的风气，因此，家风不可小觑，家风的作用并不是无关痛痒的，它甚至关系到一个国家的生死存亡。在古代中国有“孟母三迁”的故事。讲述的是大思想家孟子年少时的故事，当时，孟子的家住在坟墓的附近。因此，少时的孟子经常喜欢学别人办丧事玩。这一情景被孟母见到，她认为，这个地方不适合居住。于是就带着孟子搬迁到市场附近居住下来。可是，受商人的影响，孟子又学商人做买卖的事情。这让孟母再次感叹此处不适合居住。于是又搬迁到书院旁边住下来。孟子以进退朝堂的规矩作为自己的游戏。此时，孟母说：“这正是适合安顿我儿子的地方。”于是就定居下来了。

“孟母三迁”的故事就这样流传了下来。这个故事告诉我们，良好的人文环境对人类的成长和生活是十分重要的。尤其是现代人，在物质生活得到满足的同时，应将目光定位于更高品位的精神世界。只是现代人的生活范围很广，生活环境也更为复杂，且人与人之间的联系更加密切，就算我们想找一处适合居住的世外桃源，怕是也无法达成心愿。因此，只有整个社会的环境发生根本性的改变，我们才能活得更加幸福，更有安全感。而家风正是改变整个社会环境的根本。从小家做起，影响大家，最终提升整个社会的风气，让每个生活在其中的人都能够自觉维护良好的社会风气，同时，也能够进行自我的管理，从而在整个大社会中形成一种良性循环。

遗憾的是，现代人往往忘记了家风的正能量作用。许多人的心中只有自我，而不顾及他人，结果，不但破坏了人与人之间的和谐关系，还让整个社会的风气从温暖变成寒冷。正常而言，摔倒在路边的老人扶不扶，这个问题理应不需犹豫，但扶起来后曾被讹诈的例子就发生在身边，虽然只是极小一部分的行为，但谁能保证这样的倒霉事不会降临到自己的头上呢？于是，人们情愿在身边有人摔倒时让眼睛暂时失去作用，对发生在别人身上的不幸视而不见。这是谁的悲哀，只是摔倒之人的悲哀吗？并不是，而是整个社会的悲哀，

人们的不敢扶，只能说明一些人的彼此不信任，相互之间的欺骗，相互之间的尔虞我诈，而这是社会道德的沦丧，造成这种现象与社会风气不无关系，与家风不无关系。

好的家风是社会正能量的源头，也是人生正能量的源头，如果一个人想要堂堂正正，活得心灵不受束缚，就要有良好的道德做基础。家风不仅关系到一个家庭的幸福，更关系到整个社会风气的变化，好家风的存在对国家的安定繁荣至关重要。在《礼记·大学》中有这样的叙述：古之欲明，明德于天下者，先治其国；欲治其国者，先齐其家；欲齐其家者，先修其身；欲修其身者，先正其心；欲正其心者，先诚其意；欲诚其意者，先致其知，致知在格物。物格而后知至，知至而后意诚，意诚而后心正，心正而后身修，身修而后家齐，家齐而后国治，国治而后天下平。从这些文字当中，我们读出了修身、齐家、治国、平天下之间的关系，而其中“修身”、“齐家”都是对家风的反映。这就是先扫己屋，才扫天下的道理之所在。

那么，家风究竟是什么呢？答案是仁者见仁智者见智。一般而言，家风基本上可以分为两大类：一类是传播非正能量的家风，另一类是传播正能量的家风。当然，非正能量的家风不

用刻意去树立，它的存在本身就是与社会的发展相矛盾的，是应该被剔除的社会糟粕。

正能量的家风对家庭、对社会都是具有促进意义的。它的存在和建设需要过程，需要长期的理智和信念的付出，更需要家庭成员时刻注重自己的言行，即使生活得并不十分如意，也不要以粗暴的方式释放心理压力，否则家风就只能是一时的摆设，无法对家庭及成员产生影响和作用。

在现代社会当中，我们之所以重新提倡好家风、正能量这个概念，是因为当今社会一些好的家风正渐渐地远离我们的生活，社会道德的力量渐渐变弱，整个社会风气渐渐退化。因此，我们需要重建那些被丢失的好家风。当然，每个家庭的家风都是不尽相同的。这就像每个人的人生一样，只有不同，才能更精彩。中国人对家是十分注重的，每个家庭都有自己的优良文化，我们可以从这些文化当中汲取积极内容作为家风进行传承，让家风释放出新能量，并通过言传身教，让家风在家庭成员中形成价值共识，代代相传。

传递家风的正能量，不是某个人的责任，而是每个人的责任，只有勇于面对这样的责任，我们的家风文化才能重新绽放光芒。

第三节 优良家风代代传

自古以来，我国的文人都非常看中家风。古代的“家风”一般包括以下一些关键词：家国天下、耕读传家、积德行善、仁孝清廉等。扬州“个园”有两副楹联：“传家无别法，非耕即读；裕后有良图，唯俭与勤”，“几百年人家无非积善，第一等好事只是读书”。“耕读传家”是中国农村许多家庭中最高的家庭追求，以“耕为根本、读为提升”为基本内容的“耕读文化”是古代农村家庭日常生活的最高境界。生活在乡村的人们为了鼓励子弟们读书，实行了各种劝奖的措施，这些措施对优良家风的形成起到了有力的推动作用。如今，“家风”已经非常具体化了，体现在家庭日常生活的方方面面。

【案例一】

尊老爱幼，构筑温馨家庭

安徽省滁州市曲亭村陈世荣一家，是当地公认的模范之家。全家温馨和睦，诚实守信，尊老爱幼，勤俭持家，与邻里团结融洽，以“尊重、礼貌、和睦、温馨”的形象带动着周边的家庭共同建立和谐美好的人居环境。

今年58岁的陈世荣是一位乡村教师，夫妻二人相敬如宾，恩爱有加，即使生活中有小的摩擦，也用对对方的关心和爱来化解。他的家庭成员有三位是年过八旬的老人，包括父母和岳母。三位老人都患有慢性病，完全丧失了劳动能力，生活不能自理。陈老师夫妻俩悉心照料三位老人，尽量满足老人的要求，让老人快乐。全家人不仅在物质生活上关心，给老人买衣服和礼物，更从精神上关爱他们，经常陪他们散步、聊天。陈老师的父亲其实是他的继父，已84岁高龄，患有肺心病，天气一旦转凉，还要输液治疗，经常要到滁州二院医治。为父亲看病的开销巨大，当父亲看到陈老师为了支撑这个家庭而忙于生计时，竟然主动要求放弃治疗，不愿去滁州。每当这个时候，陈老师总是耐心劝导，即使借钱也要为父亲治病。陈老师84岁的母亲患有严重的腰椎间盘突出，平时直不起腰，同时还患有严重的老年病，陈老师到滁州第一件事就是到药房给老人买一些治疗筋骨方面和抗风湿的药。陈老师的岳母也80多岁了，患有老年痴呆症，生活不能自理，睡觉时不知道脱衣、脱鞋，起床时不会穿衣，大小便也不能控制。但陈老师从来没有怨言，从不对老人发脾气，而是默默地给老人换衣服，帮她洗脸、梳头、擦背、剪指甲、洗弄脏的衣裤。邻居们都说这个女婿比儿子还要亲啊。陈老师的老伴看到他在家庭、学校、农田来回奔波这么辛苦，每每暗自流下眼泪，同时也为能嫁给这样一个孝顺父母、吃苦耐劳的好人而感到自豪。

为了培养子女成长，他们夫妻俩重视对子女的世界观、人生观、价值观的思想教育，培养他们学做人，会做事，做对社会有贡献的人。陈老师不仅仅注重子女的学习成绩，更注重培养子女独立生活、学习的潜质，时时教育子女要正直善良、诚实守信，沿着正道走，鼓励子女刻苦学习。

陈老师有个女儿，十几年前就出嫁了。从小受到良好教育的她，到了婆家勤劳能干、孝顺父母，小日子过得红红火火。但是，天有不测风云，3 年前女儿的丈夫因病去世，女儿和小外孙艰难度日。生活的压力，加上丈夫去世的悲伤，让陈老师的女儿患上了抑郁症，几次自杀未遂。陈老师夫妻俩含着眼泪把女儿接回家。看着年迈病弱的父母、女儿忧郁的眼神、小外孙稚嫩的小脸儿，陈老师再也抑制不住内心的痛楚，抱着小外孙号啕大哭起来。面对困境，陈老师夫妇没有倒下，没有放弃，而是以积极的态度去应对。在陈老师夫妻俩的关心呵护下，女儿的病情逐渐好转，情绪也稳定了很多。

陈老师在学校里是一名优秀的数学老师。他几十年如一日扎根在山区，敬业爱岗，对学生就像自己的孩子一样去关爱，主动资助家庭贫困的学生，深受学生们的爱戴。作为一名老师，他最大的心愿就是让每个学生都成才、成人。虽然陈老师家的状况特殊，但他从不把工作中的压力带回家，也从不把生活中的烦恼带进课堂，总是以乐观的态度对待生活、对待学生。

陈老师的家庭虽然不富裕，但陈老师的孝顺、爱心、善良、正直和坚强感动着周围的每一个人。陈老师夫妇用全身心的爱去照顾老人、呵护子女、帮助他人，给家庭营造了温馨和睦的氛围，使每一个家庭成员都感到了家的无比温暖和幸福。

一、尊老爱幼，家庭和睦

中国有句古话："百善孝为先。"意思是说，孝敬父母长辈是做人的第一美德。一个人如果连自己的父母都不孝敬，很难想象他会善待周围的其他人。古代就有花木兰替父从军、黄香为父暖被等孝敬长辈的故事，尊敬老人是中华民族的优良传统，也是一种感恩的心态。每个人都是父母生命的延续，回报父母的恩德是子女应怀有的感恩之心。"孝顺"是能够"遗传"的，人的所作所为都会给自己带来相应的结果。一个人如果对自己的父母不孝顺，将来他的后代多半也不会孝敬他，生活当中这样的例子不胜枚举。

孩子是祖国的花朵，是未来的希望。爱护孩子，将孩子抚养长大，让他们能健康、快乐、幸福地成长，对孩子的未来负责，尽己所能让他们接受良好的教育，是每个成年人义不容辞的责任。互敬互爱、宽容理解、沟通良好的丈夫和妻子能够共同创造美满和睦的家庭氛围，这样的家庭不仅能为孩子的成长提供一个健康、温馨的环境，更能让家中的每个人都感到无比幸福和愉悦。就像上述案例一家风故事中讲述的，陈老师夫妻恩爱、孝敬老人、关爱子女、热心助人、邻里和睦，用生活工作中平凡的小事和点点滴滴的真情诠释了家作为爱的港湾的真谛，赢得了周围人们的赞誉。

【案例二】

太祖母的训斥

浙江省盘安县的莹莹一家是个四世同堂的大家庭，家教很严。莹莹的太祖母是一位治家严谨的老人，虽然已经80多岁了，但在家中依然很有威严。莹莹的父亲一度迷上了麻将赌博，经常出去玩到很晚才回家。太祖母知道后很生气，有一天晚上坐在家门口等父亲回家，一直等到深夜。父亲到家时发现太祖母还在大门口等他，着实吃了一惊。太祖母严厉地批评了莹莹的父亲，并要求他承诺今后不再赌博，否则不让进家门，莹莹父亲当时也应允了。但时隔不久，他到朋友家吃晚饭，经不住朋友劝说又玩起了麻将赌博。太祖母得知后，拄着拐杖，颠着小脚，怒气冲冲地闯进莹莹父亲的朋友家中，将麻将牌用布袋一股脑地裹了起来，背起布袋转身就出了门。父亲不敢说话，又怕天黑太祖母出事，只能跟在太祖母的身后。只见太祖母背着布袋来到河边，沿着河堤一边走一边往河里撒麻将子，将所有的麻将子全部撒进河里。“你自己说过又做不到，那我帮你做到，这些麻将子我让你找都找不回来，看你以后还怎么玩!”太祖母撂下这句话后，坚决不让父亲扶，拄着拐杖拖着苍老疲惫的身躯自顾自地走了。从此以后，莹莹的父亲再也没有碰过麻将。

二、正直善良，诚实守信

雨果说，人世间最珍贵的品质就是善良。只有正直善良的人，才是离幸福最近的人。有一次朋友到海边旅游，一场暴雨刚过，成千上万条鱼被卷到海滩上。一个小男孩在海边不厌其烦地捡着鱼，每捡到一条便把它送回大海。一位好心的爷爷来到他的身边，对他说：“小朋友，你一天也捡不了几条。”小男孩一边捡着一边说道：“起码我捡到的鱼都获得了新的生命啊!”一时间老爷爷为之语塞。小男孩的父母在不远处笑盈盈地看着他。周围的人都被小男孩的话语感动了，很多人开始和他一起捡着鱼送回大海。在一个家风良好的家庭里，家庭的长辈必定是正直善良、诚实守信的人，因为这些美好的道德情操是一个人立身处世的根本，也是家风的内在核心。在这样的家庭里长大的孩子，受到家庭长辈潜移默化的言传身教和积极健康的精神影响，慢慢地会将这些价值观念和做人的方式内化到自己的日常行为和为人处世当中，同时也不断地影响着周围的其他人。就像这个小男孩一样，看似生活当中一件很不起眼的小事，却可以想象长大后的小男孩也会是一个正直善良愿意帮助他人的人。

诚实守信是一个人待人接物的名片，讲信用的人会受到他人的尊重和爱戴，而违背诚信的人将被众人所唾弃。失信的人，通过投机取巧的手段可能会一时获得一些利益和好处，但早晚会被识破吃大亏。讲诚信是中华民族的传统美德，要使人养成诚信的良好品格，关键还要从小培养。就像案例二家风故事中讲述的，太祖母通过严格的家教让莹莹的父亲领悟到，做人要“言必出，行必果”，不能失信于人，更不能违背自己的良心，能抵挡住外界的各种诱惑。

古代有一位国王要选择继承人，于是他发给每个孩子一粒花种，约好谁能种出最美丽的花就将被选为未来的国王。当选评的时间到来时，绝大多数孩子都端着美丽的鲜花前来参选，只有一个叫杨平的孩子端着空无一物的花盆前来，最后他却被选中了。这是什么原因呢？原来孩子们得到的花种都已经被蒸过，根本不会发芽。这次国王测试的目的不是为了发现最好的花匠，而是想看谁是最诚实的好孩子。这个故事告诉我们“最大程度的诚实是最好的处世之道”。

三、尊重劳动，尊重知识

我国自古以来就有崇尚农耕文明、尊重读书人的传统，其实这也是古代的知识分子崇尚的“耕读文化”，即以半耕半读的状态作为一种生活的方式。例如，清代的杨秀元早年曾在乡里执教，40岁后回归耕种，主张耕读并重，过半耕半读的生活。同是清代的杨双山，幼年读私塾，青年时对八股文和科举没有兴趣，开始读农业、医学等注重实用的书籍，认为“耕桑为治世首务”，他在关中试种棉花，提供蚕桑。他建立的养素园，既是他耕作和进行农业试验的场所，又是他读书、教书、著书的地方，他的后半生就在养素园里过着耕读的生活。热爱耕读生活的人，必定是尊重劳动、尊重知识的人。劳动是创造一切幸福的源泉，劳动是神圣而神奇的，尤其是农业劳动，劳动能使人类的梦想变成现实，使生活变得更美好。农业劳动是人类与大自然交往的最亲密、最直接的方式，辛勤劳作能为人类源源不断地提供生活和生产资料，尊重农业劳动就是尊重生命。“一分耕耘，一分收获”，只有付出艰辛的努力，才能收获丰硕的成果。

“知识是人类文明进步的阶梯”，自古以来，我国就有重视知识的传统，还有很多脍炙人口的故事流传千古，例如，大家都熟悉的“凿壁偷光”、“悬梁刺股”、“囊萤映雪”等。西汉时候，有个农民的孩子叫匡衡，从小就特别热爱读书。白天他要到地里干活，就想利用晚上的时间读书。但因为家里穷，买不起点灯的油，匡衡只好躺在床上背诵白天读过的书。有一天晚上，匡衡背书的时候发现屋子东边的墙壁上透过来一线亮光，原来这是邻居家的灯光。匡衡兴奋极了，他用小刀把墙缝挖大了一些，使透过来的光亮更多一些。这样，他就凑着透进来的灯光读书。晋朝时候，有一个叫孙康的人，非常好学。因为家里穷买不起灯油，冬夜里他常常不顾天寒地冻，在户外借着白雪反射的光亮读书。那时还有个叫车胤的人，也因为太爱读书，但又买不起灯油，就在夏天的夜晚捉了许多萤火虫，装在纱袋里凭借萤火虫发出的光读书。后来，他们都成为了很有学问的人。

如今的生活不像古时候那么艰苦，如果每个家庭的成年人都重视学习、崇尚知识，以自己的言行熏陶子女，让家庭充满学习的氛围，那么后辈们也很容易养成一种自觉学习的良好习惯，这对于一个家庭来说是非常可贵的精神食粮。

四、勤俭持家，自食其力

勤俭节约是我们中华民族的传统美德，也是我国世代相传的精神财富和生生不息的力量源泉。将勤俭节约融入家庭生活，就是勤俭持家。我国民间有句脍炙人口的古诗句：谁知盘中餐，粒粒皆辛苦。然而，随着人们生活水平的提高，很多人不再把勤俭当回事儿，许多孩子的节约意识也令人担忧。例如，本子或铅笔用了一半就随意淘汰，用了一段时间就想换掉半新不旧的书包，“眼大肚皮小，吃不完就倒掉”的就餐习惯，等等。因此，树立正确的消费观念非常重要，把钱用在刀刃上，从家庭生活的一点一滴做起，包括节水、节电、节省煤气、节约粮食等。当然“勤”和“俭”一定要相辅相成，否则就将事倍功半。

有这样一则民间故事：从前，有一个叫吴成的农民，他一生勤俭持家，日子过得无忧无虑，十分美满。相传他临终前，曾把一块写有“勤俭”两字的横匾交给两个儿子，告诫他们说：“你们若想一辈子不受饥挨饿，就一定要照这两个字去做。”后来，兄弟俩分家时，将匾一锯两半，老大分得了一个“勤”字，老二分得一个“俭”字。老大把“勤”字恭恭敬敬高悬家中，每天“日出而作，日落而息”，年年五谷丰登。可他的妻子却大手大脚，孩子们常常将白白的馍馍吃了两口就扔掉，久而久之，家里没剩一点余粮。老二自从分得半块匾后，也把“俭”字当作“神谕”供放中堂，却把“勤”字忘到九霄云外。他疏于农事，又不肯精耕细作，每年所收获的粮食当然不多。尽管一家几口节衣缩食、省吃俭用，毕竟也是难以持久。这一年遇上大旱，老大、老二家中都早已是空空如也。他俩情急之下扯下字匾，将“勤”、“俭”二字踩碎在地。这时候，突然有纸条从窗外飘进屋内，兄弟俩连忙拾起一看，上面写道：“只勤不俭，好比端个没底的碗，总也盛不满！”、“只俭不勤，坐吃山空，一定要受穷挨饿！”兄弟俩恍然大悟，“勤”、“俭”两字原来不能分家，相辅相成，缺一不可。吸取教训以后，他俩将“勤俭持家”4个大字贴在自家门上，提醒自己，告诫妻室儿女，身体力行，此后日子过得一天比一天好。这个故事告诉我们，勤俭持家、自食其力是中华民族悠久的传统家庭美德之一，我们要坚持发扬这一美德，让生活越来越美好。

五、孝敬父母

中国有句古语：“百善孝为先。”孝敬父母一向位居中华美德的榜首。中华民族历经几千年的历史和文化发展，孝行一向是社会最提倡的，古人将孝视为一切德行的表率，甚至在普通人眼中最为无情的帝王之家，也将孝视为德行之首。每代的帝王都能在孝行方面做出表率。

古人对孝敬父母十分注重。即便是位高权重之人，也将孝放在首位。我们所熟知的包拯，也是以孝闻名之人。只是人们更关注包拯的铁面无私，而较少关注他对父母的孝行。

【案例三】

包拯是庐州合肥（今安徽合肥市）人，他的父亲包仪，曾任朝散大夫，死后被朝廷追封为刑部侍郎。包拯在少年时便以孝而闻名，并且他的性格正直而敦厚。在宋仁宗天圣五年，当时28岁的包拯中了进士，开始了他的仕途生涯。他曾先任大理寺评事，后来出任建昌（今江西永修）知县，只是他的父母年老不愿随他到他乡去，包拯理解父母的想法，于是他马上辞去了官职，回家照顾父母。这样的举动，令百官称颂。

在几年之后，包拯的父母相继过世，包拯才重新踏入仕途。在中国的古代，如果父母只有一个儿子，那么这个儿子不能扔下父母不管，只顾自己去外地做官。这是违背封建法律规定的。

包拯能够为父母辞官，说明孝在他心中占据第一位。他对父母的孝敬也让当今一些对父母不孝之人感到羞愧。

百善孝为先的美德，随着社会的发展理应更深入人心，但现在的人却只关注自己，对父母的关注越来越少。父母年纪越大，越容易感到寂寞，越希望自己的子女能够陪在身边，只是这样的愿望对现代人而言是十分奢侈的。多数人都忙于打拼自己的事业，自己的家都无法照顾全面，更何况是不在身边的父母呢？

其实，打拼事业过程中有些事情无法兼顾是可以理解的，但父母年纪大了，需要人陪，作为子女理应满足父母的要求，有事没事常回家看看，陪父母吃吃饭，聊聊天，让父母时常开心一下，这样的做法，就是孝的一种体现。只是现代人将孝与金钱联系在了一起，认为只要给钱，就无须再管任何事情了，这是对孝的一种误解。试想一下，当我们在年幼时，父母付出的不仅是金钱，还有时间和爱。而后两者是无法用金钱来衡量的，作为子女要拥有一颗感恩的心，用真心、用孝心去照顾自己的父母，让他们开心地度过晚年生活。

重树家风，就是要重新挖掘中华的德行之本。孝是传承了千年的美德，自然要在现代社会发挥其作用。在中华民族几千年发展历史当中，留下了无数孝敬父母的故事。“子路负米”的故事就是其中之一。

【案例四】

仲由是春秋时期鲁国人，字子路。他从小家境贫寒，但他从不抱怨，他知道父母已经尽可能地维持生计。因此，子路从未觉得苦，反而觉得自己很幸运，因为父母很爱他。同时，子路也为自己的父母感到担忧，他怕父母会因贫困的生活而影响身体健康。

当时，子路所居住的地方没有米出售，为了让父母吃到米，他需要步行百里，再背着米赶回家里，奉养双亲。百里的路程是十分遥远的，也许人们可以走上一两次，但却无法长久。而子路为了能让父母吃到米，不论寒风烈日，都不辞辛劳地跑到百里之外买米，再背回家。

案例四的故事告诉我们：孝并不是一句口号，而是要付出的。现代人缺少的正是这种付出精神。孝行是一代传一代的，大人们的一言一行都影响着自己的孩子。还记得在电视上曾看到这样一则广告：妈妈为自己的母亲端水洗脚，这一幕被年幼的儿子看到，当妈妈回到房间后，儿子也端着一盆水来为自己的妈妈洗脚。这就是孝的传承。

如果今天我们因为工作繁忙而不愿意去时常看望父母，那么，几十年后的今天，我们将为自己的不孝行为付出代价，我们的子女也会用同样的方式来对待我们。如果到那时，我们才体会到孝的重要性则为时已晚。

人的一生可分为 3 个部分，第一部分是读书时期，那时的人们内心是自由的。第二部分是组成家庭之后，人生的主要压力都集中在这一阶段，因为这时的人们上有老，下有小。第三部分是晚年生活，劳碌了大半生理应安养天年。可是子女不在身边，晚年的孤独感又强烈，多数老人都觉得生活不如意。不是源于物质上的贫穷，而是源于精神上的空虚。

其实，人生不过几十年。与父母相处的时间只会一天一天地减少。尤其在现代社会，我们与父母朝夕相处的时间也就十几年，上了大学，有些人甚至上了高中便离开了父母的身边，那时的我们已经长大，有了自己的朋友圈，有了自己的人际关系网，父母便退居到了幕后。但我们在长大之前，是得到父母细心照顾的，如果身为子女将这一点忘记了，那么，我们自然就会沦为不孝之人。

当今社会，有很多父母在晚年的时候孤独无依，他们虽然有子女，但却无法将子女留在身边，很多人被送进养老院，作为子女却很少过问和探望，令自己父母的晚年生活变得孤独，虽然衣食无缺，但精神世界却没有半分的依靠。

正是这样的现象越来越多，人们将常回家看看这句话便挂在了嘴边，孝敬父母的美德再次被有意地提起，目的只是让人们进行自省。良性的循环才能得到好的结果，否则，今天父母的孤独，就是我们晚年之后的写照。

六、勤奋好学

当今时代，是知识的时代。在中华民族几千年的发展历史中，没有任何一个时期像今天这样强烈地需要知识的力量。人们对知识的渴求也达到了一个很高的峰值。可以说，在当今这个注重个性的年代，勤奋好学的家风是最容易被接受的。因为，人们能从每一天的生活中清楚地了解它的重要性。

梦想是一个人一生的追求。在人们的眼中，勤奋是梦想的催化剂，它帮助我们走向梦想，实现梦想。当然，知识无论在哪个年代，它的作用都是无法替代的。古人为了获得知识，可以付出一切。这就是精神，勤奋好学的精神。

【案例五】

匡衡在小的时候家境贫寒，虽然他自己勤奋好学，但家中却没有蜡烛照明。邻家有灯烛，但光亮照不到他家，匡衡便想办法去借光亮——他把墙壁凿了一个洞，每日借着邻居的灯烛努力读书。而他的书也并非自己去买，因为他的家中没有钱为他买书。他在同乡大户人家文不识的家中做工，不要工钱，只希望能将他家的藏书都读一遍。文不识听后，深为感叹，就把书借给他读。后来匡衡成了大学问家。而他的故事也因此流传了下来，这就是著名的“凿壁借光”的故事。

可见，匡衡为了读书可谓绞尽脑汁。他贫寒的家境并没有让他丧失求知的欲望，正是这份执着与追求，他才能摆脱自己原有的命运，创造属于自己的世界。他的这种做法，在今天看来就是一种自由。

我们每个人都希望自己的人生由自己掌控，自己的理想与愿望能够实现。然而，所有的现实都需要我们的付出与努力，如果我们不愿意勤奋地学习，用知识去武装自己，那么终有一天会产生书到用时方恨少的遗憾。

【案例六】

苏秦本是洛阳人。洛阳是当时周天子的都城。正所谓近水楼台先得月，年少时的苏秦才疏而志高。他一心想有所作为，想求见周天子。但周天子并非普通人可以轻易见到的，在没有人引见的情况下难于做到。苏秦觉得自己不得志，于是一气之下变卖了家产到别的国家找出路去了。

可是，那时的他基本是盲目的，且才能并不十分出众，这样的人自然无法出人头地。在外颠簸了好几年之后，苏秦没有达到目的，而变卖家产的钱也用光了。无奈之下，只好红着脸回到家中。家里人便看到了他一副落魄的样子——穿着草鞋，衣衫褴褛，挑副破担子。他的父母看到后，心疼之余，也很是生气，狠狠地骂了他一顿；而他妻子坐在织布机上织帛，根本就没有理他。他感到饥肠辘辘，于是求嫂子给他做饭吃，嫂子不理他扭身走开了。这样的一幕让苏秦受了很大刺激，他告诉自己再也不能这样意气用事了，决心争一口气。

从此以后，苏秦像变了一个人，他开始从根本上充实自己，发愤读书，钻研兵法，天天到深夜。读书到很累很困时，他就用各种方法让自己清醒，以便继续读书。相传，他晚上念书的时候还把头发用带子系起来拴到房梁上，一打瞌睡，头向下栽，揪得头皮疼，他就清醒过来了。这就是“头悬梁”的由来。

当然，苏秦的勤奋读书也换来了成绩，只用了一年多的时间，他的知识就比以前更加丰富了。当时，战国七雄中，秦国仗着强盛不断发兵进攻邻国，占领不少地方。其他6国都很害怕，苏秦正是看到了这样的一幕，提出了“合纵抗秦”的主张，结果他成功了。6国诸侯订立了合纵的联盟。苏秦挂了6国的相印，成了显赫的人物。

勤奋好学，学到的不仅是知识，更是对时机的准确判断。现代人不缺少读书的机会，只缺少刻苦的精神。

世界著名数学家华罗庚曾说过：“科学的灵感，绝不是坐等可以等来的。如果说科学上的发现有什么偶然的机遇的话，那么这种‘偶然的机遇’只能给那些学有素养的人，给那些善于独立思考的人，给那些具有锲而不舍的精神的人，而不会给懒汉。”如果我们没有锲而不舍追求知识的精神，那么，我们必将一生无所成。勤奋才是让我们梦想成真的罗马大道，只有勤奋才能完成人生的蜕变。

有些人总是喜欢抱怨，认为自己所有的不幸都源于家境的贫寒，其实，真正的知识是多方面的，书本的知识只是一部分，更多的知识来源于生活，来源于不同的人。

【案例七】

有一位青年，从小没有多少读书的机会，他认为正是这个原因，才让现在的自己无所成就。于是他每天活在抱怨当中。有一次，他遇到了一位老人，并向他讲述了自己的境遇。他以为老人会同情他，结果老人问他："我是一个平凡的老人，我所知道的你都懂吗?"这名青年感到奇怪，于是向老人请教，老人把自己所知道的事情全告诉了他，青年喜笑颜开，要拜老人为师，老人却笑着对他说："我知道的，现在你也知道了，如果你将每个人身上的知识都学会，你不比从一个名师那里学到的东西更多吗?"青年恍然大悟，原来自己所想的是错误的。从那以后，青年经常向身边的人，甚至过路人请教，果然大有进展，终于有所成就。

其实，这个故事可以归结为一句话，即孔子的"三人行，必有我师焉。择其善者而从之，其不善者而改之"。只是现在的人，为了所谓的面子问题，总是自视甚高，结果看见的全是他人的缺点，却看不见他人的优点。一叶障目的结果就是多少人同行，却无一人成我师。这对学习是不利的。

当然，勤奋学习是对一个人性格的磨炼，在学习中可以完善自我，塑造自我。古人将学习比作"书耕"，把写作比作"笔耕"，这样的比喻足以说明学习是一件辛苦的事情，不付出艰辛的努力，是不会有丰硕收获的。同时，学习更需要孜孜不倦。"学海无涯苦作舟"正是其真实的写照。

莎士比亚曾说过："书籍是全世界的营养品。生活里没有书籍，就好像没有阳光；智慧里没有书籍，就好像鸟儿没有翅膀。"只有勤奋学习，我们才能完成自己的梦想，让自己的生活变得更加幸福。

在诸多家风当中，勤奋学习的家风是现代人特别注重传承的，这与社会的竞争和压力有关。如果哪一天我们的学习是更主动，更加勤奋和快乐的，我们就能够享受书中自有颜如玉的人生了。

第四节　优良家风大有裨益

优良的家风不仅影响着一个人的道德水准和品行修养，还是一个社会良好道德的原动力。此外，优良的家风还可以超越一个家庭的限制，被大众共同运用，可以说有着创建社会共同文化的意义。

一、优良的家风能够使家族得以延续

“家风”对一个家族的传承有着至关重要的作用。学者鲍鹏山曾经说过，中国人安身立命之处不是天国，而是家国，家风乃吾国之民风。一个家族或家庭只有拥有了淳厚优良的家风，才能保证家族精神的延绵不断，才不会使一个家族走向分崩离析。一个有认同感和归属感的家族才具有内在的凝聚力。有人可能会认为家族财产是维系一个家族的关键因素，试想一下，如果一旦财产被瓜分掉，家族还会存在吗？一个家族里只有一种东西可以被家族中所有的成员共同分享，那就是让所有家族成员都引以为自豪的“家风”。优良淳厚的“家风”是一个家族或家庭最核心的价值，并且，它不但不会随着时间的流逝而减少，反而会不断增值。山西祁县有一个乔家大院，乔家兴盛百年，6 代不衰，据说靠的就是 6 条家规：不准纳妾、不准赌博、不准嫖娼、不准吸毒、不准虐仆、不准酗酒，乔家子孙基本上做到了，因而保持了家族的昌盛。

二、优良的家风使家庭成员幸福一生

“幸福的家庭都是相似的，不幸的家庭各有各的不幸。”每个家庭的家风虽然不尽相同，但是优良的家风基本都是相似的。一种积极、健康、正面、向上的“家风”，可以对家庭成员在个人修养、品德操守、处事方式等方面，产生重要而积极的影响。相反，一个家庭的“家风”不正的话，那么生活在这个家庭中的成员，其个人品行、道德操守就可能会出现问题。周围的人能够真实地感受到每个家庭拥有什么样的“家风”，并且通过“家风”判定其家庭成员的基本个性特征。实际上，优良家风的意义绝对不仅仅局限于规范家庭成员的道德品行和个人操守，它还会协调家庭内部成员之间的关系，而这些都关系到家庭内部的和谐、团结与稳定。试想一下，在一个以谦逊礼让、互尊互爱、互帮互助、诚实守信、平等团结为基本“家风”的家庭中，其家庭成员之间必然能够友好、和谐、平等地相处，这个家庭一定是个充满爱和宽容的家庭，生活在这样家庭里的人必定也是幸福快乐的人。

三、优良的家风促进整个社会的和谐稳定

家风纯正，雨润万物；家风一破，污秽尽来。家风好，则族风好、民风好、国风好。每个社会的小家庭是构成大社会的基本细胞，如果一个家庭的“家风”优良健康，就会对其他社会成员产生积极的引导和示范作用，进而就会在潜移默化中达到提升整个社会道德水平的作用，整个社会风气也会变得非常良好。也就是说，如果每个家庭的“家风”都正，则社会风气自然会得到改善，也会相应的“正”起来。相反，如果小家庭的“家风”不正，则整个社会的风气就很难“正”得起来。在我国，许多家庭都有立家规、家训的传统，许多法律管不了和

别人不便管的事，用家规就迎刃而解。好家规带出好家风，好家风培育出好儿女，这种好家风带入社会，有利于形成良好的社会风尚，延续家兴业旺，普泽后世；创造和谐、文明、健康、富有的幸福家庭。优良的家风可以弥补法律功能上的不足，让每个家庭成员以道德观念约束自我，可以从源头上防范和遏制违法犯罪活动，从而促进整个社会的和谐与稳定。

第十章　新乡贤文化

新乡贤是在乡村中具有一定群众威信、有较强能力的人，他们拥有较高的公信力与话语权，对乡村群众具有广泛的号召力。美丽乡村建设的一个关键指标就是拥有和谐团结的乡风、淳朴向上的民风。而文明乡风的建设离不开新乡贤的贡献，可以说，扎根乡土、心怀乡民的新乡贤群体是文明乡风建设的引领者和助推器。

第一节　乡贤文化的概念

“乡贤”一词，文献中出现较迟，明代浙江嘉兴人沈德符在《万历野获编》的《果报》类中记有《戮子》的明代新闻：“嘉靖末年，新郑故都御史高捷，有子不才，屡戒不悛，因手刃之。中丞殁后，其地公举乡贤。”足见乡贤是指乡里有德行有声望的人。与“乡贤”近义的词，在古文献中有：①“乡先生”，泛指乡里有声望、有德行的人。宋代欧阳修《章望之字序》：“孝慈友悌，达于一乡，古所谓乡先生者，一乡之望也。”②“乡达”，一乡之贤达人士。清代李渔《风筝误·贺岁》：“赖有乡达戚补臣，系先君同盟好友。”③“乡老”“乡三老”。最初是基层地方官名，后转义为乡里受人尊重者。周代王置六乡，由三老掌教化，推举贤能，称为乡老。汉代每乡设三老一人，掌教化乡人，后世称乡三老为乡老。④“乡绅”，古称退职还乡家居的官员和在当地有声望的人。

通过以上梳理，可以看出，“乡贤”一词系指在民间基层本土本乡有德行、有才能、有声望而深为当地民众所尊重的人。因而“乡贤”有地域性的限制，有知名度的因素，有道德观、价值观的考评。地域性、知名度、道德观，这是构成“乡贤”的3个基本要素。

从当代乡贤研究的现实需求与观念出发，“乡贤”的范围已不再局限于道德与才能的层面，而扩展到“名人”尤其是“文化名人”。文化名人有狭义与广义之分。狭义的文化名人是指在文章、文教、文化等方面取得巨大成就，对历史有深远影响或在某一时代闻名遐迩的人；广义的文化名人，包括在所有人文、社会、科技界如政治、经济、军事、文化、科学、教育、文艺、卫生、体育等各个领域取得非凡业绩，具有全局性影响或在本领域占有一席之地的社会各界精英名流。

据上所述，我们可以给“乡贤文化”下这样一个定义：乡贤文化通常是县级基层地区研究本地历代名流时贤的德行贡献，用以弘文励教、建构和谐社会的文化理念与教化策略。

乡贤文化的内涵，在“十三五”规划纲要（草案）“解释材料”中这样解释：“乡贤文化是中华传统文化在乡村的一种表现形式，具有见贤思齐、崇德向善、诚信友善等特点。借助传统的‘乡贤文化’形式，赋予新的时代内涵，以乡情为纽带，以优秀基层干部、道德模范、身边好人的嘉言懿行为示范引领，推进新乡贤文化建设，有利于延续农耕文明、培育新型农民、涵育文明乡风、促进共同富裕，也有利于中华传统文化创造性转化、创新性发展。”由此可见，乡贤文化和社会主义核心价值观乃是一脉相承的，甚至可以说，乡贤文化乃是社会主义核心价值观在乡村落地的具体表达。

一、小说中的传统乡绅与现代新乡贤

新乡贤起源于历史上的传统乡绅，两者有着千丝万缕的联系，但在人员构成、各自的作用等方面又表现的不尽相同。以下通过小说中描写的传统乡绅和新乡贤的典型人物形象来探讨这两者的异同。

（一）传统乡村的灵魂人物——乡绅

在传统的乡村社会，乡绅对村庄的治理在很大程度上依赖于宗族自治、传统的乡规民约以及儒家道德伦理。秦晖将我国古代乡村自治模式总结为“国权不下县，县下唯宗族，宗族皆自治，自治靠伦理，伦理造乡绅”。在著名作家陈忠实的小说《白鹿原》中，可以明显看出对秦晖这段话的解释。以下通过对《白鹿原》中描述的乡绅形象的介绍，来说明传统乡绅在乡村中的地位和作用。

【案例一】

小说中的乡绅形象

——小说《白鹿原》中的白嘉轩

小说《白鹿原》中有个重要人物白嘉轩。白嘉轩是白鹿原上白、鹿两个家族的族长，他坚守“耕读传家”的古训，两根名柱上挂着的“耕织传家久，经书济世长”的对联便是对此最好的诠释。

白嘉轩以礼、教、仁、义束人治族，使白鹿村成为远近闻名的“仁义村”。白嘉轩始终怀有一个愿望：按照自主的意愿治好家业，按照治家的方法管理好家族的事，使白鹿原的人们家家温饱，个个仁义。他确立了乡规、乡约，使乡民们有规可依；他修祠堂、建学堂，使孩子们上学读书有了保障；他与鹿子霖（功利、实际有诸多劣性的人）明争暗斗，阻遏了恶势力的膨胀；他救助受难的人，减轻了战乱中的人们的痛苦。

但是，在遇到触犯宗族的伦理规矩的人和事时，白嘉轩却表现出绝对的冷酷与倔强。他拒绝携田小娥回家的黑娃入祠堂，因为田小娥是郭举人的小妾，黑娃带田小娥偷情并私奔的行为“有伤风化”；他不顾妻母的反对和族内老者的跪诛，痛打通奸逆子白孝文，因为他违背了白家的立身纲纪，辱没了先人。所以，在白嘉轩身上，也能看到陈旧保守与狭隘偏执的一面。他反对儿子进新式学堂读书，坚持女子无才便是德，欺瞒冷先生换取坟地，种鸦片生财，坚守“不孝有三，无后为大”的习俗，借兔娃生孙。但总的评价，白嘉轩是个仁厚、严于律己，言必行、行必果，值得敬仰的乡绅。无论时局如何变幻，白嘉轩对于礼、教、仁、义都身体力行。他对长工鹿三宽厚仁慈、真诚相待。黑娃为了报复他公开惩罚田小娥的行为，带领土匪打断了他的腰杆。但即使他的躯体弯折了，他认为他的思想、他的正义、他给全族人带来的精神没有弯折，他仍然以他的威严执行着他认为应该维护的言行准则。他在遭遇黑娃报复后依然宽容以待，在鹿子霖入狱后竭力相救，以德报怨，仁义之至。

传统乡绅是对出身的乡土社会有着深切的情怀，并且对家乡的治理建设、维护乡民利益、文化传递和荣辱兴衰等方面起着重要作用的群体。近代中国的乡绅阶层主要由以下人员组成：参加科举后中举却没能取得一官半职的文人、科举落地的文人、当地较有文化的中小地主、退休回乡的官吏、长期居乡养病的官吏、宗族元老等。也就是说，乡绅是由这些在乡村社会较有影响力的人物所构成的，他们在民间基层本土本乡有德行、有才能、有声望，并且通常深为当地民众所尊重。他们有些像官吏但和官吏不同，他们是民众的一员但地位又高于普通民众。乡绅的各种权力和社会地位有很大一部分是皇权默许甚至赋予的，他们在上层统治阶级和普通民众之间起到了上传下达各种政策、法令、诉求等的桥梁纽带作用。由于乡绅在乡村社会中处于村务管理者和文化主导者的地位，所以他们对乡村的社会治理、经济生产和传统文化伦理传承等都具有决定性的影响。

传统的乡绅主要有两大作用：一是维持乡村自治，二是通过制定、执行乡规民约，维护乡村礼俗。在《白鹿原》中，白嘉轩、冷先生以及朱先生等人对乡村的社会公共事务有着自觉的担当，他们在乡村中有着很高的威信和地位，并凭借着传统的伦理习俗和宗族文化有效地维持着乡村的社会秩序。他身上有着中华民族许多优秀品质，他靠自力更生建立起家业，又靠博施众济树立起人望；无论是治家还是管理家族，他都能守正不阿，树德务本。我国传统的乡绅形象在白嘉轩身上可以说体现得淋漓尽致。白嘉轩以人为本、自立为本的人格精神，集中体现了中国传统乡绅基于小农经济和田园生活的文化意识和人生追求。

（二）现代乡村的引领人物——新乡贤

现代乡村的新乡贤主要由以下 3 种主要类型组成：一是有威望、有良知的乡村干部；二是有社会责任感的乡村知识分子；三是热心的返乡老干部、知识分子。以下通过几部小说中的人物描写，来具体阐述这几类新乡贤的特点以及他们在乡村中扮演的角色和作用。分别是 3 种新乡贤类型的代表：一是路遥的名作《平凡世界》中的孙少安；二是关仁山的长篇小说《日头》中的返乡知识分子金沐灶；三是贺享雍的小说《人心不古（乡村志）》中返乡的退休校长贺世普。

【案例二】

小说中塑造的乡土人物形象

——现代新乡贤孙少安

孙少安是《平凡的世界》中的灵魂人物，也是被大众所熟知的经典人物形象，可以说是现代农村新乡贤的代表。孙少安是土生土长的农民，出身贫寒、经历坎坷，艰苦努力、执着奋斗。他从 6 岁便开始帮家里干农活，13 岁辍学帮助父亲支撑起风雨飘摇的家，他凭借着自己的“精明强悍和不怕吃苦的精神”被推选为村里的生产队长，成为双水村的“能人”。他性格品行中的“仁”、“恕”，是成就他人生价值的关键要素。无论家中光景多么“烂包”，他从未有过任何嫌恶，而是对家人充满了爱和责任，更难得的是，他能将对家人之爱延伸到对家乡和家乡村民的爱。他带领大伙拼命多打粮食，拼命过上好日子，命运的苦难和艰辛造就了他坚毅的性格。作为有良知、有能力的生产队长，他投资修建村里的学校，邀请村民到自己的砖厂上工，带领大伙儿共同致富。在他身上我们看到了一个平凡的人的不平凡人生，他身上不屈的精神力量，感染着周围的人，带动着周围的人，也成就着周围的人。

——乡村读书人金沐灶

小说《日头》中金沐灶是一名典型的有思想有社会责任感的乡村知识分子。他上过大学，当过副乡长，办过企业。作为新一代知识分子，他的个性气质与官场现实格格不入，使他自觉放弃了副乡长的职位，而选择回乡做一名普通的农民。他回到家乡投身农村改革，以底层弱势群体的身份与村里的恶霸势力展开了不懈的斗争，塑造了一个农民维权英雄的形象。他的才华和能力使他成为农村乡土文化的传承人以及农民的主心骨。他不仅处处为村民着想，帮村里招商引资，为村民推销大米，收养孤儿，保护村庄的生态环境，为村民争取土地赔偿金和正常权益，甚至为重建魁星阁一辈子未婚。但他的维权行为绝不单单因为与恶势力的家族世仇，更多的是他内心文化道德的力量。金沐灶突破了普通人的狭隘和冤冤相报的循环，他认识到文化道德的力量不在于你死我活，而是相互理解和沟通，也使得他的精神得以升华，站到了时代精神的高地上。

退休返乡知识分子贺世普

小说《人心不古》中塑造的退休校长贺世普是一位乡村中的现代新乡贤，这一地位的取得主要得益于以下几点：多年从事教育工作获得的文化素养和积累的现代文明知识，淳朴正直、刚正不阿的人格，以及乡村社会根深蒂固的宗族观念支撑下“老叔”的辈分。贺世普对家乡有着深厚的乡土情结，他怀着满腔热情回乡定居。返乡后，贺世普担任了何家湾村“退休返乡老年协会”会长，他利用自己的人脉、声望、社会资源和文化知识，积极开展村民事务调解，在村民中宣传普及法律知识，推行进步的现代生活方式，发动和组织村民美化生活环境，策划组织和捐助家乡春节文艺演出活动，改善村民的精神文化活动内容，这些都起到了现代新乡贤的良好作用。但由于贺世普的现代理念与乡村习俗道德之间存在着尖锐的对立，他最终无奈地离开了乡村，这说明久离乡土的知识分子返乡之后还可能遭遇“不接地气”的问题。但小说的结局不足以否认返乡知识分子成为新乡贤并参与乡村建设的可行性。

新乡贤主要由生长在乡村、工作在乡村中的有良知的乡村干部、有社会责任感的乡村知识分子、对家乡充满热爱的返乡退休老干部或知识分子等组成，他们在发展乡村经济、推动乡村的民主自治、传承乡村的乡土文化、增强村庄的社会凝聚力等方面做出了努力和贡献。由新乡贤们推动并形成的文化为新乡贤文化，乡贤文化为传承优良的传统文化、形成进步的现代农村文化、规范乡村道德行为奠定了基础。

习近平说过："让居民望得见山、看得见水、记得住乡愁。"这里的"乡愁"就是人们对故土亲情、邻里情谊、家族文化的依恋，以及对家乡一草一木的怀念。台湾著名诗人余光中曾言：乡愁不仅是地理上的，更是时间和文化上的。因为有了浓浓的乡愁，所以就有了落叶归根的行动。现代新乡贤多是乡村中的文化人，他们知书达理、见多识广、社会资源丰富，常能自觉地用伦理道德规范约束自己的行为，通常受到乡亲们的普遍尊敬。他们是中国乡村社会中的道德楷模，有调解乡邻纠纷和矛盾的威信，有带领乡亲建设美丽新农村的能力，有带动村庄团结和谐进步的人格魅力。

从上述小说中塑造的 3 种类型的新乡贤形象，可以看出新乡贤在以下几个方面能够发挥自己的价值：一是传承和发扬乡村传统伦理道德；二是重构乡村现代精神风貌，提升乡村文化品质；三是引领乡村的村务自治和管理，助推美丽乡村建设。以下就新乡贤这 3 个方面的作用，介绍 3 个现实生活中的新乡贤的案例，以便我们更直观地理解什么是新乡贤。

二、新崛起的乡村带头人

新乡贤是乡村中有良知、有文化、心怀乡土、对家乡建设充满热情的有识之士。虽然新乡贤群体正处于刚刚兴起的阶段，还没有真正肩负起传统乡绅在历史上所发挥的社会功能，但是随着社会文明程度的进步，以及参与乡村建设逐渐成为一种社会思潮，有意愿返乡建设乡村的队伍将会逐渐壮大，也将会对乡村建设起到举足轻重的作用。

下文介绍3个有关新乡贤的案例：第一个是关于传承乡村传统文化、增强乡村凝聚力的案例；第二个是关于通过环境治理改善乡村面貌、提升乡村生活品质的案例；第三个是通过追寻乡村内在价值、助力美丽乡村建设的案例。

【案例三】

县官回到乡村成为新乡贤

——余茂法辞官回乡保护古村落

浙江省绍兴市稽东镇的冢斜村是余茂法的家乡，虽然他离开家乡在外打拼多年，但对家乡的思念从未停止。余茂法是村里人的骄傲，他先后在市组织部、劳动局、水利局等部门任职。冢斜村续修中断了80年的家谱，几经周折，经过余茂法及其他几位乡贤的努力，终于使完整版的《余氏宗族家谱》得以出版。一部家谱，将冢斜村的乡贤们拢在了一起，同时也把余茂法吸引回了家乡。

冢斜村有着丰厚的历史文化底蕴，余茂法发现，全村256户，竟有200多间房屋属于明清时代的建筑。但这些古建筑大多已经破败不堪，濒临倒塌。余茂法发动村里的乡贤共同保护古建筑，并使冢斜村成功申请到了国家历史文化名村的称号。以历史文化名村的获批为契机，冢斜村从车村分离出来独立成村。100多名村民联名给区委写信，要求即将退职的“县官”余茂法回到家乡任村支书。退职在即，很多企业高薪聘请余茂法，都被他一一谢绝。他希望回到家乡为古建筑保护事业尽心尽力。

一回到故里冢斜村，余茂法便开始整治环境，清除脏乱差，改变乱搭、乱建、乱堆、乱扔现象；整治村风村貌，组织编制指导冢斜村发展的《冢斜古村保护与开发详细规划》和

《冢斜历史文化名村旅游区总体规划》，推进古民居的保护和维修；高标准实施永兴公祠以重塑佛像为主要内容的文化布置，全方位推动了美丽乡村示范建设，修复了大小西岭古道，并改造升级了村民饮用水等多项民生工程。

在我国“十三五”规划纲要中，对“新乡贤文化”作出了这样的解释：借助传统的“乡贤文化”形式，赋予新的时代内涵，以乡情为纽带，以优秀基层干部、道德模范、身边好人的嘉言懿行为示范引领，推进新乡贤文化建设，有利于延续农耕文化、培育新型农民、涵育文明乡风、促进共同富裕，也有利于中华传统文化创造性转化、创新性发展。上述案例中的余茂法对促进传统文化的传承、改善村庄环境、增进乡村凝聚力起到了不可替代的作用。经过他多年的努力，冢斜村村民的凝聚力越来越强，所得到的实惠日益增多，村庄的美誉度越来越高，环境面貌愈发改善，村风民风愈加和谐。这些成绩的取得，凝结着全体村民的智慧和辛劳，更离不开余茂法的努力。新时代的新乡贤通过自身的努力，创造着新乡贤文化，这一文化是中华传统文化在乡村的一种表现形式，具有见贤思齐、崇德向善、诚信友善等特点。新乡贤文化是对传统乡贤文化的发扬和继承，但又和传统的乡贤文化不尽相同，它既吸取了传统乡贤文化中的价值精华，又融入了现代文明的特征和气息，实现了传统与现代的契合和对接。

【案例四】

弃商回乡治污水

——治水先锋许子兵

许子兵是现任浙江省仙居县白塔镇上横街村党支部书记。上横街村成为白塔镇 14 个首批农村环境综合整治村。针对本村水质差、水沟臭、沟渠堵塞的问题，许子兵决心带领村民共同攻克“治污水”难题。为了全身心投入治理村里的污水，许子兵毅然决定将在云南经营的年收入近100万元的超市交给妻子打理，独自回村。

要干就干出个样子来，许子兵和村两委干部带头挖臭水沟里的淤泥，清理门前屋后和公共场所的垃圾。“只有我们干了，群众才会跟着干。”随后，许子兵召开了村民代表会议，出台环境综合整治村规民约，动员全体村民，落实责任人，分组分区域开展污水治理。众人拾柴火焰高，完成了露天粪坑拆除、垃圾清理、绿化等各项工作。随后，村民们在许子兵的带领下开始了“五水共治”行动，在外乡贤带头捐款，200多村民纷纷慷慨解囊。短短几天，就筹得资金10余万元。如今，上横街村的村容村貌发生了天翻地覆的变化，绿树掩映，清水环绕，一派江南乡村风光。

上横街村位于白塔游客服务中心附近，紧邻高迁古民居，交通便利。该村已启动农家乐建设项目，集体完成了一家建筑面积2400平方米的农家乐酒店，发展了10户农家乐和民宿经营户。“看，村里的环境多整洁干净，以后咱农村人的日子不会过得比城里人差。”村民们自豪地说。治理污水的行动有力地促进了村居环境改善，使该村成为仙居县“五水共治”工作示范村。

村庄就是所有村民的家，村庄环境的好坏直接影响到每一位村民的生活质量和幸福指数。中国有句俗话，火车跑得快，全靠车头带，这里强调的就是带头人的作用。乡村带头人的素质和表率作用非常重要，如果一个团队、一个单位没有一个心态良好、精力充沛、热情高涨、能干会干、乐于吃苦奉献的好的带头人，这个团队和单位既不会发展壮大也不会有所作为和创新，最终会变成一盘散沙，毫无一点成就。拿破仑有句名言：狮子统领的绵羊部队，能够战胜绵羊统领的狮子部队。人们都知道狮子彪悍凶猛，绵羊柔顺无力，如果带头人选对了，绵羊部队的战斗力也会超强，同样能够击败凶猛的狮子部队的。由此可见，不管是东方或是西方，不管是什么制度的国家，其思想和理念都是一致的。案例四中的许子兵就是这样一位以身作则的带头人，也是一位现代乡村的新乡贤。他满怀着对乡村的热爱，用自身的行动影响和感染了周围的村民，带领村民们齐心协力共同改善了村庄的居住环境，不仅凝聚了人心，更促进了村庄的和谐。

【案例五】

构筑久违的精神家园

——宁波“驻堂乡贤”钱树德

钱树德老人是浙江省宁波市北仑区小港街道高河塘文化礼堂的“驻堂乡贤”，也是这里的管理员。钱树德退休后一直在小港居住，在小港街道启动高河塘文化礼堂的建设过程中，他敏锐地发现作为小港人母亲河的小浃江，可以作为人们寄托乡愁和找到归属感的精神家园。在钱树德的建议下，文化礼堂设立了专门展示小浃江文化的浃江风情馆。该馆讲述了小浃江流域历史人物和乡风民俗，展示了 18 个拆迁安置到高河塘社区的村庄的村情村史。到浃江风情馆参观的村民们兴奋地指着小浃江模型说，我家原来就住在这里。钱树德明白了，这就是人们一直在寻找的乡愁。

钱树德每天早上 7 点就来到文化礼堂，一有参观者，他就会满含深情地为大家讲解小浃江的文化。钱树德还组建了文化礼堂宣讲员队伍和志愿服务队伍，文化礼堂成了人们寻找精神依托的所在。近两年来，钱树德将大部分精力用在了文化礼堂的活动筹划上。如今，高河塘文化礼堂天天有活动，周一有剪纸，周二有决江讲堂，周三有戏曲表演……月月有重点，一月有迎新年，二月有新春祈福，三月有巾帼风采秀……季季有主题，春有清明祭扫，夏有红色七月，秋有中秋团圆，冬有访寒问苦。每一次活动，钱树德都非常注重挖掘其内在意义。

钱树德的付出受到了各方面的认可，他先后被评为宁波市十佳文化礼堂管理员、浙江好人。高河塘文化礼堂也被评为宁波市十佳文化礼堂。钱树德让北仑区委宣传部领导看到了“乡贤驻堂”的魅力，大力在全区选聘学识丰富、德高望重的乡贤参与文化礼堂建设，目前全区已有30余位乡贤入驻文化礼堂。钱树德将文化礼堂办成了培育和践行优秀传统文化的重要阵地。他定期在高河塘文化礼堂推出“钱老师故事会”，把优秀传统文化颂扬的价值观通过故事植入居民心中。

高河塘社区主任黄红艳说：“前几年，高河塘社区居民间总有一些纠纷闹到社区甚至街道，而自文化礼堂建成以来，邻里间的矛盾纠纷基本没有了，因为通过文化礼堂举办的活动大家相互认识了，即使有一点小摩擦，也能相互体谅。”文化礼堂给高河塘社区带来的效应远非“村民的文化生活丰富了，村里打麻将的少了”所能穷尽。文化礼堂使人们的生活越来越温馨：夫妻要加班，左邻右舍自告奋勇帮忙接送上学的孩子；全家外出时天气突变，左邻右舍急忙帮着将晒在屋外的衣服收回……社会更和谐了，人们生活得更幸福了。

上述3个案例中的新乡贤，通过自身的努力和村民们的积极参与配合，使人们所生活的社区环境和人文环境改变了模样。他们作为地方本土的精英、新时代的乡绅，凭借其卓尔不凡的人格魅力、出类拔萃的领导才能、心系乡土的深厚情感、丰富广博的社会资源，为实现村庄传统文化的复兴、美丽乡村建设和村庄的治理自治做出了突出的贡献。尤其在浙江上虞等地开展的“乡贤文化运动”，掀起了守护乡土文化、建设美丽乡村的高潮。但从全国的情况来看，这一阶层的兴起和壮大依然任重而道远。希望有更多的有识之士，能够加入新乡贤的行列，为建设美丽新农村以及传承乡土文化做出更多的尝试。

第二节　乡贤文化的特征

乡贤文化既与地域文化、方志文化、姓氏文化、名人文化、旅游文化等密切相连，可谓“你中有我，我中有你”，但又不同于这些文化类型。乡贤文化是一种跨学科、跨行业、跨文化的综合研究，有其自身的独特研究对象与价值标尺。乡贤文化与以上诸种文化类型的异同关系，在探讨乡贤文化以下几个特征的过程中，加以辩证与区别。

一是地域性。首先，乡贤文化研究的对象，只限于本地区的历史名流与当代时贤，这些名流时贤生于斯长于斯，因而具有本地域的唯一性与占有性，他们的出生地不存在争议。其次，乡贤文化研究的名流时贤，应是在该地区出生，并在该地区长大，以后走出家乡走向五湖四海；或留在家乡，服务贡献桑梓。比如作为上虞的乡贤，他们也许会说：“我是喝曹城江水长大的。”再次，乡贤文化一般不研究外地外籍来到本地并作出贡献的“客居”名流时贤，而地域文化、方志文化研究则不同，“客居”名流时贤同样是地域文化、方志文化记录、研究的对象。因此，如《上虞市志》中，就有不少出生于外省、市而在虞工作的精英人物介绍。

二是人本性。乡贤文化研究的对象只局限于人，以人为本，以人为中心。围绕本籍名流时贤做文章，而不涉及其他。这显然与地域文化、方志文化、旅游文化不同，后3种文化既要研究本籍名人，同时还要记录、研究社会、经济、山川、地理、景观、民俗、特产、风物、旅游资源等，研究对象与范围要比乡贤文化宽泛得多。

三是亲善性。人文主义或人本主义，向来被认为是中国文化的基本精神。“以人为本”，即以人为考虑一切问题的中心。以儒、道两家思想为主干的中国传统文化，是一种以道德修养为旨趣的伦理本位的文化，因而中国的人本主义也可以称之为道德的人本主义。乡贤文化正是道德人本主义的具体贯彻和重要表现。因之乡贤文化十分强调研究对象——乡贤“善”的本性，在关注乡贤业绩贡献的同时，还要考究他们的道德操守、思想品质、爱国爱乡，把乡贤个人价值的实现放在整体关系的良性互动之中，放在一定的伦理政治关系中来考察。他们既是名人，同时必须是好人、善人。因而并非所有“名人”都是乡贤，都是乡贤文化研究的对象。因为“名人”中也有污迹甚至败类，例如，陷害岳飞的奸相秦桧的家乡江苏江宁就不会把他作为乡贤；又如，周作人因在抗战中留有污点也不可能成为绍兴乡贤文化研究的对象。同样，出生于浙江省上虞市章镇胡村的胡兰成，尽管他写的《今生今世》《山河岁月》《中国文学史话》等为一些现代文学研究者叫好，同时又因他曾与著名女作家张爱玲结为夫妇，故而声名颇盛。但由于胡兰成曾在抗战时期的汪伪政权任职，自然不能成为“上虞乡贤”，上虞乡贤研究会也不会把他作为研究对象。亲善性与正面价值是乡贤文化坚守的研究尺度和底线，而地域文化、方志文化、名人文化等则不同，历史名人中有污点的人同样也需客观记录、研究。

四是现实性。乡贤文化研究是“发思古之幽情”，表达对乡贤的崇敬与仰慕，可谓“见贤思齐”、“恭敬桑梓”。但更重要的是直面现实，为当今社会经济文化发展服务。因为，如果仅仅只是为了发掘、研究当地乡贤名流，地域文化、方志文化等已经在那里做了，而且可能会做得更专业。乡贤文化则是别择一途，不重复地域文化、方志文化等的研究课题，更要在古与今、传统与现实、文化与社会之间架起一座桥梁，使乡贤文化有力而有效地在发展本地社会经济文化的过程中发挥其特殊作用。因之，乡贤文化一方面要研究、传扬历史上的“古贤”，另一方面则更重视与宣传活跃在当今社会各界的“今贤”，尤其关注那些在中央任职以及在北京、上海、广州等一线城市工作的“今贤”。如果说“古贤”是本地区的文化名片，那么“今贤”则是本地区的文化资源。乡贤文化研究的现实性既是发展本地区的社会经济文化的现实需求，同时也是乡贤文化研究本身得以存在的价值依据。

第三节 乡贤文化的形态

乡贤文化的开发、研究有着多种形态，总的特征是“因地制宜，因人而异”，即根据本地区乡贤的多少、类型、结构等，选择最优模式。这主要有 3 种形态。

一是以本地区的重量级历史名人研究为中心，形成重量级乡贤的放射效应与多重开发价值。此可谓“重量级乡贤模式”。

如河南省鹿邑县太清宫镇（春秋时称苦县厉乡曲仁里）是老子的出生之地，“地古永传曲仁里，天高近接太清宫”。老子在历史上被尊为“百学之王”，春秋时的思想家、哲学家、道家的创始人。老子所著的《道德经》不但是中国哲学的经典，也被奉为中国本土宗教道教的教派经典，因而老子成了道教的教主，鹿邑太清宫也就成了道教祖庭。由于老子姓李（李耳），普天下的李姓都尊老子为李姓开姓始祖，自然鹿邑太清宫也就成了李姓寻根追祖的发祥地。因有这样多重因素，鹿邑县在开发、利用本地乡贤老子的文化资源上做足了文章。鹿邑县有明道宫、太清宫、老子文化广场等名胜古迹，除开展一系列老子学术研讨会、文化旅游活动外，还经常举办世界李姓大会。

重量级乡贤名人的文化效益、经济效益、旅游效益，往往会成为该地区经济文化发展的巨大引擎，政府以名人的名义，举办各种名人节、名人游等活动，用以扩大知名度，打造优质投资环境。

二是以姓氏、望族研究为纽带，开发乡贤文化资源。此可谓“姓氏望族乡贤模式”。

国有史、方有志、家有谱。中国人特别重视民族的历史、地方的历史、家族的历史。有关姓氏起源、沿革、迁徙，特别是开姓始祖的发祥之地，最易激起后裔的寻根情结与文化认同。

著名历史学家陈寅恪认为：“故论学术，只有家学之可言，而学术文化与大族盛门常不可分离。”“夫士族之特点既在其门风之优美，不同于凡庶，而优美之门风基于学业之因袭。故士族家世相传之学业乃与当时之政治社会有极重要之影响。”所谓家学渊源正是形成姓氏文化望族的基础。北宋以后，由于中国经济中心南移，文化也因南盛于北，因而南方出现了不少姓氏文化望族，有的是父子相传，有的是祖孙相继，有的是本家相应，成为当地著名的乡贤名流。如四川乐山有北宋文学家苏洵、苏轼（苏东坡）、苏辙这样著名的“三苏”父子乡贤。现代江南望族名声最大者当数江苏无锡的钱家，钱家拥有钱穆、钱基博、钱锺书三大鸿儒与钱学森、钱三强、钱伟长三大科学家。此外江西修水的陈家、河南唐河的冯家也负有盛名。陈家有陈宝箴、陈三立、陈寅恪祖孙三代鸿儒以及陈衡恪、陈封怀等名士，冯家则以冯友兰、冯沅君、冯宗璞“一门三杰”闻名于世。显然，这些望族名流都已成为当地响当当的乡贤资源。安徽宣城是梅姓的望族之地，当地有“宣城梅花遍地开”，“从夸荆州人人玉，不及梅家树树花”的说法。梅氏家族鼎盛于宋

（出现过大诗人梅尧臣），绵亘于元，再显赫于明末清初。据《宣城县志》统计，梅氏先后有进士 29 人，举人 48 人，获取各类科举功名者不下 2000 人，传有著述者 134 人，著作总计 380 余部。因之宣城梅氏一直是宣城当地的乡贤望族。

三是以历朝历代形成的乡贤群体为纽带，形成乡贤文化研究的平台，发挥乡贤群体整体性、连续性的社会文化效益。其条件是：该地产生的乡贤名流多，而且历朝历代英才辈出。此可谓“群团性乡贤模式”。

吴越自东晋以来，一改“吴王金戈越王剑”之形象，以蓬勃发展的文化饮誉中华。江南人文渊薮、名人学士层出不穷，从吴越走向全国、走向世界，人文之盛，乡贤之多，远非其他地区所能比拟。诚如明代绍兴状元张元忭在《寄孙越峰论志书事》中所言：“绍兴人物本多，与他郡不同……郡志记一乡之贤，苟有一德一艺者，皆可书也。”

第四节　培育乡贤文化建设美丽乡村

以培育新乡贤文化为抓手，发挥“新乡贤”在农村社会中的价值引领、道德教化、文化传承、促进发展等作用，着力培育和美家风、醇美乡风、尚美社风，促进社会主义核心价值观在农村落实，服务美丽乡村建设。

一、注入新内涵，让乡贤文化根植乡土

顺应农村经济社会发展新变化，积极选树新乡贤、培育新典型，发挥其示范带头作用。一是标准突出时代性。召开乡贤文化建设理论研讨会，明确提出新乡贤是“有威望、接地气、能带头、起作用”的草根群体、民间力量，把“遵纪守法、品德良好、为人正派、处事公正、群众公认”作为遴选新乡贤的

标准。二是对象突出多元化。结合新农村建设“生产发展、生活宽裕、乡风文明、村容整洁、管理民主”目标，评选对象突出多元化，既有发家致富带头人，又有善管理、懂市场的经营能手；既有一心为民、公道正派的老党员、老干部，又有热心公益、扶危济困的热心人、好心人。三是特色突出乡土情。要把“群众评”和“评群众”相结合，确立“村推选、镇认定、区统筹”思路，可以制定“七步评选法”，即院坝会初评、村民代表会评议、初评候选人公示、镇街复核、相关部门评议、正式候选人公示、镇街认定等7个步骤，确保评出先进、评出导向、评出乡情。

二、树立新标尺，让乡贤事迹垂范乡里

采取“五个一”方式广泛宣传“新乡贤”的嘉言懿行、成就贡献，为农民群众树立标杆：比如，一张榜展示形象。可以为每位乡贤拍摄一张生动反映其核心事迹和精神的照片，并在每个镇街和各个村（社区）集中设置“乡贤榜”，把“新乡贤”亮出来。一句话概括事迹。将每位乡贤事迹用一句话概括，让“新乡贤”事迹易记易懂、便于传扬。一块匾明确荣誉。可以邀请书法家，为乡贤题写家风家训，制成牌匾，悬挂厅堂，激发使命感、荣誉感。一本书荟萃故事。可以编辑出版，记录乡贤故事的图书，作为农村道德讲堂的生动教材和农村中小学的校本课程。一首歌传递情怀。可以面向社会征集“新乡贤”主题歌，用歌曲传颂乡贤奉献精神、进取意识、优秀事迹。

三、引领新风尚，让乡贤精神涵养乡风

注重发挥新乡贤在价值取向、生活方式、思想观念上的示范带动作用，引领农村社会新风尚。一是乡贤立村规民约。在村干部带领下，由本村乡贤牵头，制定村规民约，引导群众自我教育、

自我约束、自我管理，讨论制定出群众认可的村规民约。二是乡贤促敦风化俗。针对赌博迷信、大操大办等不良风俗，组织乡贤成立红白理事会，带头协助张罗红白喜事，引导村民节俭养德；成立禁赌劝导协会，编写“戒赌歌”等，教育村民远离赌博。三是乡贤传家风家训。请媒体开设“乡贤谈家风”、“乡贤传家训”等专栏；还可依托家族祠堂，在祭祖时融入诵读家规家训、讲述家族故事、奖掖后辈先进等，发挥家族生活伦理教化功能；编辑《乡贤家训集》，邀请书画家创作以“乡贤家训”为主题的书画作品。

四、服务新发展，让乡贤力量造福乡邻

注重发挥新乡贤资源优势、能力优势，把乡贤回报乡里的善意变成真正的善举。一是当好中华美德的传承人。成立“乡贤文化促进会”，让乡贤有效参与并引领农村文化建设。开展“知乡贤、颂乡贤、学乡贤”主题活动，挖掘乡贤事迹、乡贤精神中丰富的思想道德资源。二是当好勤劳致富的带头人。在乡贤中开展“为家添力、为家添智、为家添美、为家添彩”主题活动，帮助乡邻学技术、建场地、筹资金、跑市场，实现“先富带后富、我富带共富”。三是当好邻里纠纷的化解人。发挥乡贤威信和影响力，帮助调解家庭矛盾、邻里纠纷。在征地拆迁、土地流转等重大事项中，做好政策解释与沟通协调，维护村民合法利益。带头宣讲法律政策，促进群众学法守法用法。四是当好公益事业的热心人。要发挥乡贤资源优势，为公益事业捐款，修筑村道，为乡亲办助困、助学、助医等好事，开展志愿服务等。五是当好社情民意的知情人。发挥乡贤人脉优势，通过“拉家常”“摆龙门阵”等日常交流，问难点，找焦点，访热点，收集梳理群众所需、所、急所想，及时向有关部门反映情况，促进下情上达，帮助解决群众合理诉求。

第十一章　美化农村人居环境

第一节　大力营造生态和谐人居

一、做好城乡空间布局规划和定位

迎合农村人口转移和村庄变化的新形势，科学编制县域村镇体系规划和镇（乡）、村庄规划。以山东省蒙阴县为例，其生态文明规划提出：按照集约用地、集中发展、适度规模的要求，形成中心城区紧凑发展、城镇和农村居民点集聚发展的格局。构筑“一心点廊协同、三轴三区发展”的空间发展格局：“一心”指以中心城区；“点廊”指中心城区为依托的生态城和多个村庄社区为载体的美丽乡村，依托京沪高速的交通廊道和依托河流水系的滨水廊道；“三轴”指沿 205 国道和京沪高速公路方向的一条发展主轴，以及分别依托兖石公路和沂蒙公路方向的两条发展次轴；“三区”指中部生态产业发展区（蒙阴城区、常路镇、高都镇、联城乡、旧寨乡）、北部生态休闲涵养区（岱崮镇、坦埠镇、野店镇）和南部生态旅游体验区（垛庄镇、桃墟镇）。

对于中心城区建设要优化功能、治理环境、提升品位，按照统一规划、发展节地型生态住宅的方式，对所有过于老旧的村落逐批实施改造，同时将有机更新与历史文化保护相结合，打造发展与传承的核心区。建设以汶河、梓河综合整治带动沿线区域开发，全面提升基础设施水平，打造生态自然、开放时尚、富有活力的现代化新城区，向布局合理、功能完备、多元化、组团式生态县迈进。同时重点推进生态建设，依托现有云蒙湖、蒙山等资源，营造湿地公园、森林公园，在全县范围植入生态绿楔，为居民提供氧源绿地和多层次的休闲游憩场所，着力打造生态环保、功能完善的特色生态县。

二、开展美丽城镇建设

按照控制数量、提高质量、节约用地、体现特色的要求，推动乡镇建设与主导产业发展相结合；要通过规划引导、市场运作，培育成为文化旅游、商贸物流、资源加工、交通枢纽等专业特色乡镇；将生态文明理念全面融入乡镇发展，构建绿色生产方式、生活方式和消费模式；严格控制高耗能、高排放行业发展；节约集约利用土地、水和能源等资源，促进资源循环利用；统筹城乡发展的物质资源、信息资源和智力资源利用，推动物联网等新一代信息技术创新应用；发掘乡镇文化资源，强化文化传承创新，把乡镇建设成为历史底蕴厚重、时代特色鲜明的人文魅力空间；加强历史文化名城名镇、历史文化街区、民族风情小镇文化资源挖掘和文化生态的整体保护，传承和弘扬优秀传统文化，推动地方特色文化发展，保存城市文化记忆。

三、大力推进美丽乡村建设

县域层次要按照城乡空间布局、城乡经济与市场、交通、社会事业和生态环境一体化建设发展要求。首先，从优化土地利用和产业布局、绿色循环低碳技术应用、资源高效节约集约利用、生态环境保护、生态人居和景观风貌营造、乡村生态文化复兴、生态文明制度创建等方面，制定县域层次美丽乡村建设规划，提出美丽乡村建设战略、任务和工程项目。其次，要根据农业部提出的“美丽乡村”创建活动的目标体系，从产业发展、生活舒适、民生和谐、文化传承、支撑保障5个方面，开展“生态宜居、生产高效、生活美好、人文和谐”的美丽乡村建设，以提升农业产业，缩小城乡差距，推进城乡一体化发展。

第二节　加强生态文化体系建设

一、树立生态文明主流价值观

将生态文明内涵融入机关文化、企业文化、校园文化、旅游文化、群众文化建设各方面。继承和发展传统文化，开展以生态价值观和环境伦理道德为核心的生态文化建设。牢固树立“善待生命、尊重自然的伦理观，环境是资源、环境是资本、环境是资产的价值观”，在全社会牢固树立生态文明理念。强化“经济、社会和环境相统一的效益意识，经济、社会、资源和环境全面协调发展的政绩意识，节约资源、循环利用的可持续生产和消费意识”的生态意识。

二、加强生态文明宣传力度

加强对社会普遍关注的生态文明热点问题的舆论引导。依托报刊、电台、电视台等新闻媒体，开辟专栏聚焦生态文明建设热点问题并进行相关生态知识的宣传；加强环保网站、环保刊物以及环保信息屏、显示屏等宣传平台的建设和运用，推进公众参与和工作交流；加快建设并形成一批以绿色学校、绿色企业、生态街道、绿色社区、生态村为主体的生态文明宣传教育基地；全面开展生态文明进社区、进村镇活动，积极组建生态文明建设社团，组织开展生态文明知识宣讲活动。

三、增强生态文化传承融合

不断挖掘本土文化的生态内涵，将历史文化、资源开发与旅游二次创业密切结合，促进生态旅游业和相关第三产业的发展。加强传统节庆文化的传承和发展，让更多民众参与到节庆活动和社会活动中，以生态文化为载体，通过以节扬文、以文促旅、以旅活市来带动产业的综合发展。

四、倡导生态绿色生活方式

大力宣传倡导生态绿色的生活方式，在全社会树立绿色消费理念，倡导绿色消费和适度消费。树立适度消费、节制消费、健康消费、公平消费、精神消费等为首的生态消费方式，积极倡导绿色生活；提倡良好、文明的卫生习惯，惩罚破坏环境的行为；使用节能环保产品，倡导消费未被污染和有助于公众健康的绿色产品，拒绝消费污染环境和高能耗的产品。

第三节　美化农村卫生环境

一、美化农村卫生环境的意义

整洁优美的人居环境从来就是我国农民生活的重要追求。从传统文化角度审视，我国相当部分的村庄在选址的时候，祖宗先人们都十分重视村庄的风水和生态，自觉不自觉地运用人居环境学、堪舆学的原理，考虑到村庄房屋与山川水流、地势形貌、田园阡陌、坐落朝向等自然环境的融洽；村庄的建设也尽量体现出借山用水的理念，小桥流水的景致，石径小巷的宁馨，粉墙黛瓦的色调，深宅雅园的格局，老井古树的神韵，曲径通幽的含蓄，以及与农事密切结合的厅、房、厨、棚等的构造。但农村村庄构成总体上是以一代又一代农民自行建设住房为主的，由于农耕生产方式要求生活和养殖用房合一或紧邻，又由于生产力水平不高，生活废弃物较少并有所利用，如垃圾堆沤作肥料，人畜粪便直接用于农作物等，再加上绝大多数农民群众终生劳作只为温饱企求宽裕，所以长期以来农民不可能萌生洁化村庄环境的理念，也不具有安装给排水等基础设施清洁村庄的实力。

从农村建设现状分析，改革开放以来，农村多种经济蓬勃发展，乡镇企业遍地开花，客观上也导致了农村建设杂乱和环境污染严重，再加上前些年只重视城市的环境保洁，不重视农村的环境整治和建设规划，以致在农村出现畜牧养殖业的发展与污染扩大并存，工业发展、生活水平提高与垃圾增多并存，农户建房缺乏整体规划，拆旧窝建新居乐此不疲，村庄环境保洁缺乏制度和资金保障，责任主体不明，普遍存在路面不硬、四旁不绿、路灯不亮、河水不清等问题，随处可见垃圾乱倒、污水乱排、电线乱拉、管道乱铺等现象，不少村庄至今尚未消灭露天粪坑，“晴天尘土飞扬、雨天污水横流、夏天蚊蝇成群”，“有新房没新村”，“进门穿拖鞋、出门穿雨鞋”，环境“脏、乱、差”问题十分突出，这些问题已成为缩小城市与农村建设差距的严重障碍。

从农民意识角度思考，不少农民群众环境意识、卫生意识、文明意识淡薄，垃圾乱倒、污水乱排、杂物乱堆等不文明行为屡见不鲜，“室内现代化、室外脏乱差”现象随处可见。从深层次看，相当多的农民群众仍保持着传统农耕社会的生活、生产方式，贫乏落后的文化生活和根深蒂固的传统习俗导致了职业农民素养提高不快。农民群众的这种与现代社会不相适应的思想意识、行为方式和生活、生产方式，已经成为制约农村文明进步和现代化实现的突出问题。

二、农村环境卫生整治现状

近年来，按照中央提出的“生产发展、生活宽裕、乡风文明、村容整洁、管理民主”的 20 字方针，各地在新农村建设中都把村庄环境整治、村容村貌整洁作为重要工作，取得了较好的成绩。一些村镇村容村貌整洁，居住环境优美，配套设施完善，已经展现了新农村美好的生活景象。但是，我们也应看到，绝大多数农村卫生状况依然令人担忧，生活垃圾随处乱丢，生活污水随意乱倒，建筑剩余物乱堆乱放，住宅与禽畜圈舍混杂等脏乱差现象还不同程度地存在。目前，农村环境卫生整治工作还存在一些突出问题。

（一）农民环境卫生意识普遍不强

长期以来，由于受传统习惯和落后观念的影响和缺乏宣传教育，部分农村干部群众公共卫生意识和环保意识比较差，垃圾乱丢，杂物乱放，而且对村中的“脏、乱、差”长期视而不见，这种观念和陋习与建设新农村的要求是格格不入的。

（二）农村环境卫生基础设施不到位

目前，各地农村环境基础设施建设的投入严重不足，各级政府专项资金很少，乡镇缺财力，村级集体经济缺实力，对基础设施进行投入时往往显得力不从心，从而造成基础环境卫生硬件投入的严重缺位。一是没有规范垃圾收集系统，垃圾桶、垃圾池数量很少，房前屋后、公共场所成为垃圾堆积地，不能做到日产日清；即使实行城市管理办法，实行垃圾不落地村庄，也没有建设垃圾处理场，仍旧倾倒在村边、路边及河边；有的虽然也建有简易的垃圾处理场，但设置不合理，管理不规范，甚至造成二次污染。二是大部分村没有下水管道，人畜粪便、生活污水随意排放，致使污水横流，臭气熏天，即使有下水管道，也是直接排入河道，严重污染水源，在大力提倡新农村建设的今天，这种状况极不合时宜。三是总体规划落后，一方面缺乏对农村环境保护卫生设施的统一规划，另一方面缺乏城乡一体化管理统一规划。

（三）农村环境缺乏长效管理机制

大部分村镇农村环境卫生工作长效机制不健全，仅仅建立几项基本的清扫机制，整治工作过后，由于长效管理制度没有很好跟上，不少农村垃圾乱倾倒，柴草乱堆放，又重新回到“脏、乱、差”。即使制定有效管理办法，也缺乏有效监督手段，难以完善农村环境卫生运行机制。

三、农村环境卫生整治的对策

增强农民环境卫生意识，创造文明卫生的生产生活环境，是提高农民卫生素养的重要内容。“村容整洁”是新农村建设的重要任务，一定要把农村环境卫生整治作为新农村建设的一项重要任务。

（一）加强宣传教育，切实增强环境卫生意识

首先，要在思想上引起高度重视。各级政府要从思想上高度重视农村环境卫生问题，充分认识农村环境卫生差对农民健康与生态环境的危害，把农村环境卫生问题当作建设新农村的大事来抓，列入重要工作日程。其次，要提高农民思想觉悟。应运用各种宣传工具，采取多种形式，开展农村环境卫生建设专题教育活动，形成强烈的社会舆论氛围，使广大村民增强环境意识、卫生意识、健康意识、文明意识，增强参与环境建设的责任性和积极性，努力形成全社会关心、支持、参与农村环境卫生工作的良好局面。

（二）广泛开展农村环境卫生综合整治活动

按照政府主导，农民主体，社会各界积极参与的机制，大力开展村庄环境卫生整治活动，努力做到村庄布局优化，卫生洁化，沟塘净化，“四旁”绿化，道路硬化，环境美化，逐步探索和建立农村居民自我管理的村庄保洁机制。坚持典型引路，全面推进文明卫生村镇创建活动。通过落实新农村建设示范村文明卫生创建活动，把提高农民道德法制水平作为文明卫生创建活动的重要任务，把文明卫生创建活动作为新农村建设的重要内容。

（三）提高基础设施建设水平

首先，要拓宽资金渠道，加大投入力度。政府要合理调配财政支出格局，加大对农村环境卫生建设资金的投入，逐步形成政府主导、部门支持、社会筹集的格局。其次，要实施好硬件配套建设。通过科学规划建立垃圾简易处理场，解决垃圾出路问题。通过建设沉淀池解决生活污水问题。通过加快改厕工作步伐，彻底消灭露天粪坑，保证无公害卫生户厕普及率逐步提升，从根本上解决污染环境传播疾病这一毒瘤。

（四）完善长效管理机制

要建立健全环境卫生管理体制和运行机制。各乡（镇）要把农村环境卫生管理纳入年度考核内容，作为评先、评优和奖励的依据，并设立专门机构和专人负责环境卫生工作。要建立环境卫生工作监督、考核机制。各乡（镇）实行定区域、定人员、定职责的“三定”责任制，各行政村要实行村民“门前三包”责任制，由村委会定期组织检查评比，好的表扬奖励，对有损村容村貌的行为，要进行批评教育，并限期纠正和改进。要制定完善卫生守则、村规民约等各类规章制度，用制度来规范人、制约人、引导人，提高农民环境卫生意识，让农民在制度约束下形成良好习惯。

第四节 大力推进农村能源建设

一、什么是清洁能源

地球上的常规能源非常有限，要大力发展新能源。农村利用动植物生长过程中的衍生物做能源前景非常广阔。

什么是“能源”呢?《科学技术百科全书》是这样定义的：“能源是可从其获得热、光和动力之类能量的资源。”《大英百科全书》定义为：“能源是一个包括所有燃料、流水、阳光和风的术语，人类用适当的转换手段便可让它为自己提供所需的能量。”从定义可知，能源的范围非常广。地球上的能源多种多样，按使用状况可以分为常规能源（包括煤、原油、天然气等），新能源（包括核燃料、地热能、太阳能等）；按能源成因，可以分为一次能源和二次能源，一次能源指煤、天然气、水能、风能等，二次能源指原油加工品、煤气、电能、火药、沼气等。有些能源，比如雷电能、地震能、火山能、宇宙射线能等还没有被人们开发利用。

那么地球上的能源有多少呢？没人能计算得清，有些人说是取之不尽用之不完，而有些人在担心一旦能源用完，我们人类怎么办。具体情况又是怎样的呢？我们先来看一组数字。现在世界人口早已经突破 60 亿，比 100 年前增长了 2 倍多，而能源消费据统计却增长了 16 倍多。无论多少人谈“节约”或“打更多的油井或气井”或者“发现更多更大的煤田”，能源的供应始终跟不上人类的需求。我们现在使用的最主要的能源是煤、石油和天然气等，这些能源数量有限，按照目前的使用速度，只能维持几十年。另外，煤、石油和天然气这些常规能源燃烧会产生巨大的污染，严重影响到人体健康及大自然的生态平衡，因而，无论从环保上还是能源供应上讲，寻找可持续发展的替代能源迫在眉睫。

现在所说的新能源通常指核能、太阳能、风能、地热能、氢气等。核能的潜力非常大，并且污染非常小。目前，一些国家如法国、奥地利、比利时、荷兰等已经关闭其国内的所有煤矿而发展核电，因为核电高效、清洁。其他如太阳能、风能、地热能、氢气等也比较环保，不过目前的利用要少一些。但是，能源清洁化是主流。特别是以后随着环保标准的日益严格，不仅能源的生产过程要实现清洁化，使用也要清洁化。

现在，一些农村开始利用动植物生长过程中衍生的物质做能源，比如，牲畜的粪便、农作物的残渣、薪柴、制糖作物、垃圾等。这些物质以前被认为是典型的污染物，或者焚烧，或者掩埋，至于牲畜的粪便则一般是做肥料。这些物质被用作能源，一方面减少了环境污染，另一方面为人类提供了大量资源，因而是一举两得的事。从目前来看，这方面的前景非常广阔，同时利用技术也亟待提高。

二、风能的开发利用

农村风能的开发与利用主要是在风力资源丰富的农牧区，通过机械装置将风能转化为电能，为农牧民生产、生活提供能源。

风力发电具有常规发电不可比拟的优势，不但可以节约能源，使电力工业走向可持续发展的潜能，还可以促进偏远地区的经济发展。因此，在农村地区，尤其是风力资源为丰富而又偏远的农牧地区的生产和生活用电做出了积极贡献，在国家可再生能源开发和利用优惠政策的带动下，发展前景光明。

三、太阳能的开发利用

我国幅员辽阔，有着十分丰富的太阳能资源。据估算，我国陆地表面每年接受的太阳辐射能约为 5.0×10^{19} kJ，各地的太阳年辐射总量达 335～837kJ/（$cm^2\cdot a$），中值为 586kJ/（$cm^2\cdot a$）。近年来，国家通过市场拉动，积极推动太阳能的利用，主要包括：一是太阳能日光温室。利用玻璃、薄膜等材料，建设太阳能日光温室，主要用于反季节种、养业生产。二是太阳能热水器。利用光热转换技术，将水加热供用户使用。三是太阳能光伏发电。利用光伏转换技术，将太阳能转换为独立的电源，主要用于城乡居民生产和生活方面。如太阳能路灯、草坪灯等，应加大推广力度。

（一）太阳能热水器

太阳能热水器技术在中国已经完全商业化，生产企业有上千家，从业人员在 15 万人以上。我国太阳能热水器产业总销售额近 200 亿元，生产能力和保有量均居世界第一，产品已远销欧洲、东南亚、非洲等 30 多个国家和地区。

（二）太阳能房

太阳能房是利用太阳辐射能量来代替部分常规能源，使室内达到一定环境温度或者是给室内的用电器设备供电的一种装置。随着今后绿色节能建筑的发展，太阳能房的应用将会得到进一步发展。

（三）太阳灶

太阳灶目前在我国西部偏远地区仍有一定的市场，在今后一段时间内还会有一定发展，但需要设计制造出质量好、寿命长、使用更方便的农村用太阳灶。

（四）太阳光伏发电

我国光伏应用领域在向工业领域和农村应用发展，并被列入国家和地方政府计划。如西藏“阳光计划”、“光明工程”、“西藏阿里光明工程”等。进入 21 世纪，特别是近几年的“送电到乡”工程，国家投资 20 亿元，安装了 20 MW 光伏发电系统，解决了我国 800 个无电乡（镇）的用电问题，推动了我国光伏市场的增长。

（五）其他方面

我国太阳温室有了大规模的发展，大棚种植和养殖已成为设施农业的主要方式，大棚蔬菜种植成为各地农业生产的一项重要内容。通过这些以太阳能利用为主要措施的设施农业的发展，大大丰富了城乡居民的菜篮子，同时也为农民带来了明显的经济效益。随着中国经济的发展，太阳干燥、太阳空调、海水淡化等太阳能热利用，近两年也有不同程度的发展与应用。

实践中太阳能热水器的推广使用仍然存在一些问题：首先，太阳能热水器的安装对建筑防水、承重等方面的影响；居民自行安装不规范，影响城市景观；屋顶所有权存在争议，后期物业管理、维护不方便；高层建筑屋顶采光面积不够，不能满足全部住户使用要求等。因此，如何使太阳能利用设施与建筑融为一体，成为今后太阳能开发利用中需要解决的一个重要问题。被动式采暖太阳房是太阳能热利用中的一种重要形式。其次，长期以来，被动太阳能采暖建筑被局限于农村和能源短缺的边远地区。被动太阳能采暖技术及其应用技术还没有被系统研究并应用于实施建筑节能措施之后的城镇建筑之中。此外，目前太阳光伏发电的初始投资较高，无法在其生命周期内回收，因此单依靠市场经济推动十分困难，今后除了需要进一步加强技术创新和降低成本之外，还需要政府的政策支持。

四、小水电资源开发利用

在我国小水电指装机容量不超过 5×10^4 kW 的小型水电站。我国小水电资源区位分布与我国相对贫困人口区位分布基本一致。小水电没有大量水体集中和移民，规模适宜，技术成熟，投资少、工期短、见效快，可就地开发、就近供电，在促进我国中、西部地区，特别是“老”、“少”、“边”、“穷”地区农村的经济社会全面发展中发挥了巨大作用。

农村小水电已成为我国农村经济社会发展的重要基础设施、山区生态建设与环境保护的重要手段，它不仅在增加能源供应、改善能源结构、保护生态环境、减少温室气体排放方面做出了重要贡献，还在电力应急保障中显示了独特作用。

五、农村生物质能开发利用

生物质能，就是太阳能以化学能的形式储存在生物质中的能量形式，即以生物质为载体的能量。它直接或间接地来源于绿色植物的光合作用，取之不尽，用之不竭，是一种可再生能源，同时也是唯一一种可再生的碳源。

生物质能一直是人类赖以生存的重要能源，是仅次于煤炭、石油和天然气而居于世界能源消费总量第四位的能源，在整个能源系统中占有重要地位。有关专家估计，生物质能将成为未来可持续能源系统的重要组成部分，到 21 世纪中叶，采用新技术生产的各种生物质替代燃料将占全球总能耗的 40%以上。

农业生物质能资源包括农作物秸秆、农产品加工业副产品、畜禽粪便和能源作物。农作物秸秆和农产品加工业副产品可用于发电或固体成型，畜禽粪便通常用于发酵制取沼气。在提倡节能减排、新能源开发利用和建设新型农村的社会背景下，发展农村生物质能产业，不仅有利于治理农业面源污染，优化农村环境，还能有效缓解农村能源短缺，促进农村经济社会可持续发展。

六、沼气资源的开发利用

目前，农村沼气生产的主要资源是禽畜粪便。通过厌氧发酵技术，禽畜粪便在制取沼气的同时，也转化为更加高效、优质的有机肥料。

近年来，中国政府将农村沼气建设作为农村“六小工程”之一，加大了支持力度。在沼气国债项目的示范带动下，全国农村沼气建设呈现加速发展态势。

近几年来，对于沼气的利用，除了农村户用沼气池外，主要的形式还有养殖场大、中、小型沼气工程和村镇生活污水沼气净化工程。农村户用沼气池为各农村用户提供生活用沼气；养殖场大、中、小型沼气工程和村镇生活污水沼气净化工程，主要是用来处理养殖场畜禽粪便、村镇生活污水，所产生的沼气，可以通过管道向居民集中供应，也可以直接发电，作为动力、照明之用。生活污水净化沼气池的推广，促进了农村和小城镇的环境治理，达到了不耗能、省投资、管理方便和达标排放的效果。大、中型沼气工程的建设不仅促进了农业废弃物的综合利用，而且为农村居民和村办工业提供了能源，实现了沼液的综合利用，减轻了环境污染。

此外，沼气技术的发展目标已从“能源回收”转移到“环境保护”，沼气的利用不仅仅局限于点灯做饭，已经发展到乡村集中供气和沼气发电，并且开展了沼渣沼液的综合利用，形成了以沼气为纽带的生态家园富民工程，引导农民改变传统的生活和生产方式，提高了农民生活质量。

第十二章　美化农村文化

农业文化在乡村文化中占有重要地位，勤劳的民族在长期的生产生活过程中，创造并传承至今的独特的农业生产系统。这些系统包括丰富的农业生物多样性、传统知识与技术体系、独特的生态与文化景观以及低碳的生活方式等。

第一节　农业文化是农民生活的组成部分

一、智慧农业

农业文化具有诸多显著特征，首先是其活态性，历史悠久的农业文化传统，至今仍然具有较强的生产与生态功能，是农民生计保障和乡村和谐发展的重要基础；其次是农业文化的适应性，农业文化随着自然条件变化、社会经济发展与技术进步，能因地、因时地进行结构与功能的调整，充分体现出人与自然和谐发展的生存智慧；再次，具有复合性，农业文化不仅包括一般意义上的乡土知识和地方技术，还包括那些有特定自然环境、村落和农田构成的村落景观，以及独特的农业生物资源与生物多样性。丰富的农业文化在食品保障、原料供给、就业增收、生态保护、观光休闲、文化传承、科学研究等方面发挥着重要功能。应该说，中国传统农业文化对于应对经济全球化和全球气候变化、保护生物多样性、生态安全、粮食安全等重大问题以及促进农业可持续发展和农村生态文明建设具有重要的战略意义。

浙江省青田县的稻鱼共生系统作为农业文化的代表，被联合国粮农组织列入首批4个“全球重要农业文化遗产保护项目”之一，其核心保护地为山水奇秀的方山乡龙现村，被农业部命名为“中国田鱼村”。村落形态与农家院落是建筑文化，无论是南方的竹楼、北方的石板房，还是水乡的小桥流水，黄土高原的窑洞，都讲究就地取材，追求与自然的和谐，与千篇一律的钢筋水泥建筑不可同日而语。风车、水车、石碾子、石磨等都属于村落生产、生活中常用的“机械”，体现着劳动人民的智慧，现在大多成为了展品。北京郊区有个柳沟村，是以“豆腐宴”出名的，在这里可以看到、体验到传统做豆腐的方法。传统加工工具得到了活态保护，传统食品制作方法得到了传承，同时，也给这里的居民带来丰厚的收益。中国延续了几千年的种植业、养殖业之间的有机循环，乡村居民生产与生活之间的循环，实现了能量的充分循环利用，也没有垃圾生产，是真正的变废为宝。

自古以来，农民与大自然之间就形成了一种天然的联系，农民的生活与大自然中的一草一木都是分不开的。农民烧的秸秆、吃的粮食和蔬菜、居住的房屋甚至娱乐的工具，几乎都是来源于自然。在长期的农业生产实践中，农民逐渐掌握了巧妙利用自然的方法，形成了农业智慧，并渗透到农民生活的方方面面，成为农民生活的组成部分。新型职业农民只有充分了解了传统农业文化的真谛，才能运用这些文化造福社会，并把传统农业文化与现代科技结合，促进生产和生活水平的提高。

【案例一】

青田稻鱼共生系统

在浙江丽水青田县方山乡境内，有一个风景秀丽、清静怡人的村庄——龙现村，相传千年前有真龙在此显现过，因此被称为“龙现”。这是一个人口仅1500余人的小乡村吸引了全世界的目光：联合国粮农组织首批全球四个农业文化遗产项目之一——青田“稻鱼共生系统”在这里揭幕。

“我们这里的稻田养鱼历史可以追溯到1200年前。”方山乡党委书记王俊介绍道，稻田养鱼是当地农民祖辈相传的种养习惯，村民的房前屋后、田间地头，凡是有水的地方，不论水深水浅，都养殖田鱼。“有塘就有水，有水则有鱼，田鱼当家禽”，走进龙现村就如同走进了田鱼的世界。

青田县稻田养鱼种养模式是一个稻鱼共生、相互依赖、相互促进的生态种养模式，鱼在系统中既起到了耕田除草、减少病虫害的作用，又可以合理利用水田土地资源、水面资源、生物资源和非生物资源。可以增加鱼的产量和水稻收益，稻田养鱼产业化经营可使稻鱼产品达到质的提高和量的增长。过去，虽然每家农户都会在田里养几条鱼，但都是人放天养，田里放什么鱼，放多少，全凭心情，鱼儿能活下来几条，能长多大，全看老天爷的脸色。龙现村建起了“稻田养鱼高产示范园区”，通过采取控制放养密度、提高放养水平等措施，大力发展精细化稻田养鱼，取得了良好的经济效益。现在，方山乡稻田养鱼面积已有3000多亩，田鱼产量从原来的30千克/亩增加到50千克/亩，田鱼单价涨到每千克70元，比其他地方高出10元，稻米产量也能达到400千克/亩，每千克也能卖到8元多。

精细化稻田养鱼模式不但让稻米和田鱼产量提高了，更带动了当地休闲观光旅游业的发展。如今走进龙现村，随处可见一幢幢由石头垒成的古宅和深藏在绿树翠竹中的现代别墅，这就是独具农家特色的“渔家乐”。游客到此仿佛进入了世外桃源，漫步在苍松翠竹下、绿谷田园间，呼吸着新鲜的空气，呷着沁人心脾的泉水，坐听松涛竹浪，在“渔家乐”中品尝独具特色的田鱼宴，别有一番风味。自然的、历史的、文化的、独特的，这就是青田稻鱼共生模式的独特魅力。

青田县还将充分挖掘稻田养鱼的历史文化，将稻田养鱼和生态旅游相结合，以鱼为载体，通过观鱼、抓鱼、尝鱼吸引游人，对传统稻鱼共生系统的原生态景观进行保护和升级开发，展现出千年农业文化遗产的魅力。

正是因为有了农业文化，乡村才有了吸引城市人的田园风光。近些年，城市环境的单一枯燥和远离自然使得人们开始青睐农业景观，村落的农业文化景观包含的内容十分丰富，农业劳动工具、农业机械、传统农产品加工工具、各种农产品的储存方式、农事作业活动、特殊的耕作传统和种植模式，广袤的农田、梯田、特色的农作物等，都是农业景观的重要内容。近些年各地热衷于举办各类农业节日，有以花为主题的桃花节、梨花节、油菜花、葵花节等，有以农产品为主题的诸如苹果文化节、草莓文化节、南瓜文化节、葫芦文化节以及稻米文化节、蔬菜博览会等。还有各类以农事活动为主题的节日，如采茶节、采摘节等。这些节日均蕴含了丰富的文化内涵，成为观光旅游的新增长点，越来越受到城乡居民的喜爱。

北京市平谷区是中国著名的大桃之乡，22 万亩大桃堪称世界最大的桃园。每年 4 月中旬左右，正是平谷桃花盛开之时，北京平谷国际桃花节就在这里举办，数万亩桃花的海洋，吸引无数市民和游客慕名前去观赏。进了桃园，可以看到顶着太阳在劳动的果农，果农们会很热情地跟你打招呼、聊天，介绍他们家桃园里的品种，并告诉你他们正在疏花，是为了不浪费营养，长出更好的桃子。在大华山镇，很多村子前后都种有多年的老桃树，这些老桃树开出的花更加艳丽芬芳。桃花点缀着老树，让人有一种生生不息的感觉，盛开的桃花也让整个村落显得生机勃勃。这儿的村子里还有许多“农家乐”，只要在农家院里一坐，农家套餐就上来了，煎饼、柴鸡蛋、农民自家种的新鲜蔬菜，样数众多，保你吃个痛快。屋里还有农家土炕，在此小住几天，接接地气，往往使城市人感到惬意。

哈尼梯田是哈尼族人世世代代留下的杰作。哈尼梯田主要分布在云南红河南岸的哀牢山脉，被称为“凝望山神的脸谱”。整个红河两岸，凡有哈尼人的地方都有规模巨大的梯田，而尤以红河州的最为集中和壮观，主要分布在元阳、红河、绿春、金平四县。哈尼族开垦的梯田随山势地形变化，因地制宜，坡缓地大则开垦大田，坡陡地小则开垦小田，甚至沟边坎下石隙也开田，因而梯田大者有数亩，小者仅有簸箕大，往往一坡就有成千上万亩。含蓄的山谷因梯田粼粼波光凸显生动，梯田的色彩变幻与村寨、树林、云海交相辉映，清晨朝霞、落日余晖、清脆流水，其境其景，异常秀美。

哈尼族梯田在生态上表现出其独特性，每一个村寨的上方，必然矗立着茂密的森林，提供着水、用材、薪炭之源，其中以神圣不可侵犯的寨神林为特征；村寨下方是层层相叠的千百级梯田，那里提供着哈尼人生存发展的基本条件——粮食；中间的村寨由座座古意盎然的蘑菇房组合而成，形成人们安度人生的居所。因此，哈尼梯田也开创出了一套独具特色的复合农业生态系统：山腰气候温和，冬暖夏凉，宜于建村，适于人居住；而村寨上方茂密的森林，有利于水源涵养，使山泉、溪涧常年有水，使人畜用水和梯田灌溉都有保障。村下开垦万台梯田，既便于引水灌溉，满足水稻生长，又利于从村里运送人畜粪便施于田间。梯田的建造完全顺应等高线，既减少了动用土方，又防止了水土流失。森林—村寨—梯田—溪流“四度共构”的结构创造了人与自然的高度融合，体现了结构合理、功能完备、价值多样、自我调节能力强劲的复合农业特征。

江西是油菜花大省，江西最美丽的油菜花在婺源，婺源素有“书乡”、“茶乡”之称，被誉为“中国最美的乡村”。走进婺源，村村是景。漫山的红杜鹃，满坡的绿茶，金黄的油菜花，加上白墙黛瓦，五种颜色，和谐搭配，让你感到像是走进了连绵不断的画卷。

农业主题公园是近些年兴起的文化旅游项目，如南瓜主题公园、葫芦主题公园、草莓嘉年华、食用菌博物馆等，不仅展示多彩多姿的农业品种，普及农业基本知识，也展示科学研究和栽培的最近技术，传播现代农业文化。

乡村旅游、农业旅游的兴起，预示了农业文化的存在对于人类生存和发展所具有的价值，新型职业农民了解农业文化，对创造农村新业态，实现乡村产业的融合具有重要意义。

二、勤俭持家

农业文化体现在农民生活中，最为突出的就是“勤俭持家”了。如果说“风调雨顺、五谷丰登”是要老天爷的保佑才能实现，而“勤俭持家”则是靠自己的毅力和坚持实现的。因此，几乎每一个家庭的春联都表达了这样的意思。诸如“艰苦朴素牢牢记，勤俭节约代代传”、“铺张摆阔图虚名，勤俭节约传家宝”，“勤为持家宝、俭是聚宝盆”等字眼。在今天更多的是“超前消费”的观念充斥现代人的头脑时，为什么村里的人依然如此重视勤俭的风气？这是与农业生产的特点不可分割的。勤俭包括两层基本含义：一是与懒惰相对的勤劳，二是与奢靡相对的节俭。村落文化对勤俭的理解和践行正是基于这两方面的含义。

勤俭节约是中国人的传统美德之一，是中华民族的优良传统。小到一个人、一个家庭，大到一个国家、整个人类，要生存、要发展都离不开“勤俭节约”。对于以农业生产为生的村民来讲，勤俭的意义更为重大。

勤俭思想的形成与古代社会的客观情形紧密相连。在古代自然经济条件下，生产工具简陋，生产力水平低下，社会物质财富匮乏。村民要维持家庭生活，只能辛勤劳作，节省开支。因此，大多数学者认为勤俭是村民生活的经验总结，勤劳和节俭也就成为普通百姓家庭得以生存的条件。勤劳对村民来说：一是努力劳动，不怕辛苦，做好自己家的农活；二是愿意帮助他人，不懒惰，热心肠，帮助别人家干活更容易获得“勤劳”的美誉。而节俭也包含两个含义，即爱惜东西和量入为出两个方面。这里的“东西”不单单指粮食，而是指一切日常生活用品，只要是日常生活中的东西，村民们都会爱惜，哪怕是一针一线。谁家要是出了个“败家子”那就在全村名誉扫地，直接影响村里人或周围村庄的人对这家人的整体评价。

勤劳节俭与人们的生产观、消费观和储蓄观紧密相连。农业生产直接与大自然打交道，而大自然是变幻莫测的，即便是现代社会，我们通过科学技术可以准确地预测出气候的变化、灾害的发生，但大多情况下我们无法阻止灾害的发生。农民在经历了各种风险后要想保证自己的粮食就必须等到来年。所以，农民在生产时往往会选择规避风险的生产观，也就是斯科特在所提及的农民的“生存伦理”。勤俭思想形成的另一个因素是量入为出的消费观。村落的消费体现为节俭消费和储蓄消费两部分，节俭消费主要表现在生活开支上，而储蓄消费则主要是将剩余的货物或钱财存起来，以备不时之需，如生老病死、婚丧嫁娶等。村民之所以节俭，一是因为产出少，只有“俭”才能度日；二是对来之不易劳动成果的珍惜，是一种信仰，这种信仰直接上升到他们的生活方式层面，变成了自然习惯。今天，尽管物质相对丰富了，但是勤俭的重要性更迫切了。崇尚勤俭的传统与当代“低碳生活”理念是一致的，也体现了勤俭思想对生态建设和可持续发展理念的价值。

【案例二】

捡麦穗的习惯

73 岁的王满仓至今保持着捡麦穗的习惯。

以前收小麦，都是人工用镰刀割的，前面壮劳力负责收割，妇女们把麦子捆成捆儿，扎好。掉在地里的麦穗由老人或者小孩把它们一颗颗捡起来，颗粒归仓。捆好后的小麦要放在牛车上带回家去，路上颠簸会有麦子掉下来，要跟在车后面捡起来，生怕丢了一粒。

现在都用收割机收割。收割机收得快，不到半天的功夫好几亩地的麦子就收割完了，但是地里丢掉的麦穗很多。王满仓没事儿的时候就到收割过的地里去捡这些被人们丢弃的麦粒，半天就能捡上十多斤。他说看着落在地里的粮食可惜了的，看不过去。我们都是受过罪、吃过苦的人，见不得浪费。

农人尚俭，更主要的是把节俭与“德”联系在了一起，通过经济上的节俭来培养良好的品性，不为物欲而丧志。俭以养德在村落里体现为“俭中有度，善于消费”和“俭为德之共”两个层面。所谓俭中有度是指既坚持节俭美德，又要合理地把握度。这里的“适度”标准要根据社会经济文化的发展水平、个人的经济收入的多寡而定。在村落里，节俭是“会过日子”的代名词，尤其是女主人会过日子对这一家人来讲是一种福报。

今天，我们告别了物质短缺的年代，人们再也不必要“勒着裤腰带过日子”。极大丰富的商品刺激着人们的消费，在

“拉动内需”的口号下，消费甚至浪费竟然成了时髦。在消费主义侵蚀的社会风气下，在这个物欲横流的社会中，勤俭的美德似乎变得不再是美德了。勤俭文化也在被我们抛弃，与我们渐行渐远。

面对严重的污染和能源危机，人们开始关注生态文明，社会也在呼吁“低碳生活”，政府对官员的奢靡生活开始了治理，网络也成为反对奢靡、浪费的监督力量。在这样的背景下，人们猛然回首，发现传统的勤俭美德治疗社会病态的一剂良药。勤俭美德开始重新回归，其价值逐渐显现。有理由相信，在纠正了种种消费主义误导以后，理性消费和健康生活方式必将回到人们的生活中。勤俭作为生活态度和理念却永远不会过时。相反，在物欲横流的今天，勤俭品质显得弥足珍贵。在村落环境中，勤俭的道德标准、崇尚节约的生活态度、艰苦奋斗的民族传统，也将成为人们心灵净化和精神升华的重要内容。

美国哈佛大学教授约瑟夫·奈认为“软实力”包含了诸多要素，文化是其中的核心要素。在新农村精神文明建设的过程中，文化作为软实力的地位日益突出，它的效能虽然不能量化，但它的存在及它所发挥的作用是无法取代的。一个人的精神风貌、道德情操、创造能力，一个地方的文明程度、发展潜力，都取决于文化及其作用。正因为文化的效能如此重要，因此，加强农村文化建设，丰富农民的精神文化生活，就成为美丽乡村建设中不可绕开的一环。

第二节 完善农村公共文化服务体系

近年来虽然党和政府采取了一系列政策和措施，推动农村公共文化服务体系建设，但由于长期以来城乡经济发展的不平衡，农村公共文化建设远远落后于城市，存在的主要问题有：

一是农村文化设施陈旧，总量偏少；二是农村公共文化服务体系经费依然缺乏，投入不足；三是农村基层文化队伍基础薄弱，素质偏低。结合实情，建设农村公共文化服务体系应从以下几个方面开展。

一、加快文化基础设施建设

文化基础设施在农村文化建设中的作用不言而喻，韩国新村运动、印度克拉拉邦，都非常重视农村公共文化设施的载体作用。要保证农村公共服务体系发挥足够的作用，必须加强基础文化设施建设的力度。县级图书馆、文化馆，乡镇文化站及村文化室是农村基层重要的文化设施网络和活动阵地。加大农村文化服务网络建设，坚持以政府为主导，以多镇为依托，以村为重点，以农户为对象，实现县有文化馆、图书馆，乡镇有综合文化站，行政村有文化活动室，形成较为完备的县、乡、村三级农村和公共文化服务网络。健全规章制度，完善文化职能，提升服务水平，将其公共空间设施场地和其职能相适应的基本公共文化服务项目免费向群众提供。还要通过政府投入、城乡共建、村企共建、村校共建等多种方式，引进资金建设文化场所，满足农村居民的文体活动需求。以北京市朝阳区农村地区为例，近年来大力建设公共文化活动阵地，建有文化广场200余处，居家健身工程530多套，文体活动中心（室）160个，图书馆58个（百米万册达标图书馆20个，面积2200平方米），电影放映院（室）100个，东坝乡飞叉刘文化大院、黑庄户快板刘文化大院等一批著名的文化大院11家，各类文体设施上千套，基本建成“15分钟文化服务圈”，百姓近距离享受公共文化服务的愿望早已变成现实。

二、保证文化建设的持续性

各级政府要加大财政投入力度，按照一定比例，扩大公共财政中的文化覆盖面，并不断提高用于乡镇特别是村级的公共文化设施建设比例，有效降低村民参加村文化活动的成本，提高各类农村公共文化物品的使用效益；设立专项资金，确保农村重点公共文化服务建设的资金需求。各级政府在组织力量对本地农村文化建设现状进行全面摸底的基础上，制定加快农村文化建设的规划，每年安排一定数量的资金与各级地方财政配套使用，主要用于乡镇文化站硬件设施的建设和改扩建。另外，加强民间资本对公共文化事业的投资。可以采取政策导向、社会荣誉等多种手段，积极鼓励民间资本对公共文化事业的投入，开辟有偿文化网络服务，大力倡导全民办文化、赞助文化、参与文化活动。

三、培育高素质文化人才

建设一支高素质的农村文化人才队伍，要加快建立健全农村文化队伍管理机制，积极稳妥地推进公益性文化事业单位和经营性文化事业单位转企改制，稳定和发展专、兼职结合的农村文化队伍。加强对多村文化工作人员的教育和培训。政府不但要定期举办培训班，让文化服务人员学习，还可以选送农村文化骨干赴省内外有关高等院校、艺术团体进行业务培训，不断更新知识，提高素质。鼓励农民自办文化大院、文化中心户、文化室、图书室，支持他们创作更多具有浓郁乡土文化气息和较高艺术质量的文化作品，提高农村公共文化服务自我发展能力。建立一支懂文化、善经营的文化企业家队伍，引导企业家、文艺工作者、经纪人大力发展文化旅游、音像出版、体育竞赛和文艺演出活动，同时还要提高基层文化工作者的待遇，帮助他们解决工资待遇、职称评定等实际困难，用待遇留人，用事业留人。

第三节 加大惠民文化工程建设

党的十七届六中全会审议通过《中共中央关于深化文化体制改革、推动社会主义文化大发展大繁荣若干重大问题的决定》明确指出："加快城乡文化一体化发展，增加农村文化服务总量，缩小城乡文化发展差距，对推进社会主义新农村建设、形成城乡经济社会发展一体化新格局具有重大意义。"大力推行文化惠民工程，正是贯彻落实中央政策的具体措施。

一、扩大农村广播电视覆盖面

广播电视"村村通"是农村文化惠民的"一号工程"，它的目标是"建立以县为中心、乡镇为依托、服务农户的农村广播电视公共服务覆盖网络"。要按照"巩固成果，扩大范围，提高质量，改善服务"的要求，统筹安排，整合资源，建设好地面数字电视接收设施。

二、完善提升农家书屋

农家书屋工程是农村文化惠民的基础工程。农家书屋工程是为解决农民群众"买书难、借书难、看书难"的问题，满足农民文化需求，在行政村建立的、农民自己管理的、能提供农民实用的书报刊和音响电子产品阅读视、试听条件的公益性文化服务设施，是政府统一规划、组织实施的新农村文化建设的一项基础工程。要建立出版物农家书屋更新机制，通过多种渠道、多种方式，争取每年为已建成书屋更新一定数量的出版物，逐步提高农家书屋音像制品和电子出版物配置比例，方便农民群众阅读。

三、确保农村公益电影放映工程的实施

农村公益电影放映工程是农村文化惠民的必备工作，是农村公共文化服务体系建设的重要内容，农村电影放映主要的服务对象，是居住在全国县级以下地区的广大农民群众。国家广电总局和文化部开始“2131”农村放映工程（“21”指21世纪初，“31”指“三个一”：每一个行政村每一个月放一场电影）。要引入市场机制和社会资本，大力培育、发展农村个体放映队，多层次开发农村电影市场，积极探索能够满足农民群众需要的市场运作的农村电影放映新方法、新模式。

四、推进全国文化信息资源共享工程

全国文化信息资源共享工程，也就是对文化信息资源进行数字化加工和整合，并通过卫星、互联网和光盘等传输渠道为社会公众服务的一项重要工程。通过工程的基层服务站点，广大农民群众可以享受到丰富、快捷的数字化服务。目前，这一工程的数字资源总量已达到69TB，尚需加大基层服务站点的建设。

第四节　大力推进文化育民

一、要把“送文化”与“种文化”相结合

一方面，继续大力推行文化下乡活动，并使之常态化、制度化，促进文化资源下移、文化服务下移，使农村广大群众享受到文化下乡活动的实在之惠。各级政府要积极推动文化、科技、卫生“三下乡”活动，文化对口支援和服务农村活动，组

织和鼓励各类艺术表演团体、电影公司、图书馆、各类专业技术部门或协会到农村送戏、送电影、送书、送知识；支持大学生暑期“三下乡”活动，让高校大学生把反映时代气息、当代大学生风貌的文艺演出和先进的科技知识和科学的教育理念等带进农村。

另一方面，要开展“种文化”活动，鼓励农民自办文化，让农民成为文化活动的主体。因为“送来的文化”对繁荣农村文化起重要带动作用，但它毕竟是外来的、“喂食式”的帮助，从长远来看难以独当一面；而且，农民是新农村的主体，在文化建设中也应担当主角。因此，基层政府应重视“种文化”的工作。

首先，“种文化”要懂得挖掘本地特色文化。由于历史传承和区域发展的差异，各地农村在文化上各有特色，以广东地区为例，如佛山和蕉岭的舞狮、丰顺的舞龙、潮州的刺绣与大锣鼓、梅州的客家山歌，还有粤曲、潮剧、雷剧、白字戏、采茶戏等。这些特色文化，不仅是农村民间文化的历史积淀，而且因为符合农民的审美习惯和认知方式，在农民群众中有较强的吸引力和亲切感。因此，政府不仅要加强资金投入，充分挖掘、整理和保护这些农村民间特色文化资源，重视培养农村特色文化的传人，使这些特色文化得以流传；而且要有意识地保留和开展一些带有地方标志性的文化民俗活动，如庙会、赛歌会、文艺游街等，借助传统文化民俗活动的载体，带动农村民间特色文化的复兴和传承。

其次，“种文化”还应积极发动群众开展别开生面、生动活泼的文体活动，如举办群众文化节、体育竞赛等，尤其要鼓励农民自编自演，激发农民自身的创造活力和参与积极性，重在调动农民的参与性，因为“村民自己参与的节目可能达不到二流剧团的水平，却可以获得超过观看一流剧团节目的娱乐价值”，要让这些文体活动常态化，激发农民群众中潜在的文化活力。

二、为农民提供再教育的平台与机会

各级政府应建立健全农村义务教育的投入机制与长效机制，优先安排农村义务教育投入，加大对农村义务教育的物力、财力支持，改善农村中小学的办学条件与设施，推进农村中小学现代远程教育工程等；应加强农村教师队伍建设，把提高教师待遇、改善教师生活作为加强师资队伍建设的首要任务。同时，由于城乡师资力量差距大是制约当前农村教育发展的瓶颈，因而也应注重提高农村师资力量。

可以通过加强农村义务教育的督导，或者通过城市优质学校与农村薄弱学校结对子——城市学校优秀教师到农村支教、上示范课、开讲座，农村教师到城市学校跟班学习等方式来提高农村师资力量和义务教育质量。

同时，要为农民提供再教育的平台与机会。再教育包含两个方面的内容：一是提升科技文化综合素质。各级政府应以适应农民需求为着眼点，以服务农民为宗旨，逐步建立起由政府统筹、农业部门牵头、相关部门配合、社会广泛参与的新型农民科技培训运行机制。如在农村开办“乡村大课堂”建设，把高质量的人文素质讲座、科技知识培训和经商之道讲座有机结合起来，逐步改变先进文化在农村传播薄弱的局面。通过长期教育、培训，甚至实施终身教育计划来提高农民的科技文化水平，使其成为有文化、懂技术、会经营的社会主义新农村新型农民。二是加强思想观念方面的宣传教育。通过讲座学习、传媒宣传等途径，通过“先进思想进农家”、“政策法规进农家”、“讲文明、讲卫生、讲科学、树新风、改陋习”等活动，不断提高农民的思想觉悟和认识水平，带动农民群众自觉移风易俗，促使广大农民群众认可和接受绿色、健康、科学、文明的生活方式。

第五节　乡村民俗是农民的传家宝

【案例三】

令人惊叹的民间剪纸艺术

剪纸用剪刀将纸剪成各种各样的图案，如窗花、门笺、墙花、顶棚花、灯花等。剪纸艺术是最古老的民间艺术之一，至今已有1500年的历史了。每逢过节或新婚喜庆，人们便将美丽鲜艳的剪纸贴在家中窗户、墙壁、门和灯笼上，节日的气氛也因此被更加热烈地烘托出来。在中国，从南到北，通过一把剪刀、一张纸，就可以表达人们生活中的各种喜怒哀乐。现在，剪纸艺术不仅受到中国城乡人民的爱戴，也引起了许多世界艺术家的青睐，开始关注这些惟妙惟肖且令人惊叹的艺术形式的人越来越多。

几千年来，中华民族积聚了形式多样且内涵丰富的乡村民俗。这些乡村民俗一方面体现在凝聚了人们智慧的乡村手工艺品上，另一方面又表现在群众喜闻乐见的农村文艺活动中。其中，前者是以一种静态的方式展现乡村文化之美，后者是以一种动态的方式讴歌乡村文化之乐。而这一静一动的乡村民俗在农民中代代相传，并在中华民族的传统节日中得到集中展现，使得中国的乡村民俗得以源远流长。因此，这些乡村手工艺品和农村文艺活动，其实就是农民的传家宝。正如中国农业大学农民问题研究所所长朱启臻教授在《留住美丽乡村》一书中所言："乡村文化是中国传统文化的根，乡村是乡村文化的载体。

乡村文化既是传统文明的活化石，同时又是现代精神文明的源泉。”民俗的表现形式十分丰富，节日时令、风俗习惯、礼仪与禁忌、地方文艺以及手工艺等都是民俗的重要载体。整理、挖掘丰富的民俗不仅可以带来物质财富，也极大地丰富了乡村生活，是美丽乡村建设的重要内容。

一、习俗的教化作用

在维系乡村价值系统中，习俗与节日仪式占据着重要地位。村落成员在长期共同的生活、劳动和人际交往中形成了特定的价值观、人生观、道德信念和体现在习俗、习惯、信仰中的文化传统，通过各种文化活动以及家庭和家族的教育传教在农村社会环境中得到了传承和发展，并对生活在其中的人起着潜移默化的教化功能。

村落社会的乡里习俗是通过三个功能对人发挥教化作用的。

（一）维护村境的惯制

这是一个村落的成员从土地观念出发维护全村利益的一种惯俗，它由传统的地缘关系和强烈的村境意识所决定。从这种意识出发，村落各户对村落所拥有的土地、山林、水域都有一定监护权力和义务，今天的村境不仅保留空间的概念，还被附加了新的内涵。例如，为家乡谋福利所获得成就感，为乡亲解决了问题而获得赞誉，村民也以村里出了名人而感到自豪，诸如此类，表明村落的观念并没有随着现代进程而消失。从村里走出来的人衣锦还乡、光宗耀祖、造福乡里的冲动依然保留着。返乡创业的农民工，为家乡争取资源和项目的官员，为家乡修桥补路的企业家，不仅受到乡亲们的称赞，也是乡村教化的结果，在村落中所获得的认可、赞誉反过来又成为教化他人的榜样，强化了对村境的维护。

（二）习俗具有组织乡里协同生活的功能

村落中自古以来传袭着一些固定的或不固定的协力组织及共同活动，增强村落的内聚力，构成了十分紧密的集体，因而组织互助协力成为代代相传的惯制。如婚丧大事的协力互助，乡村的丧葬过程几乎是全村出动，报丧、挖墓坑、搭灵棚、烧纸、做饭、参与各种仪式，大部分情况下，甚至所使用的桌椅板凳、锅碗瓢勺等也是由各户贡献的。修建房屋时协力互助是多少年流传下来的帮工互助组织管理模式，特别是建房上梁、盖顶时，全村劳力出动帮工，甚至家里没有成人男劳力时，妇女孩子也来参加承担一些辅助劳动。再有耕种收割的换工互助，也是千百年来的协力习俗。在这些习俗中，人们受到的教化不仅是协作与互助观念，还包含了礼仪、人际关系和传统文化的熏陶等十分丰富的内容。乡村现代组织的建设同样依赖于传统协同合作理念，如农民合作社的建立，如果不顾及乡村社区协作互助的习俗，是很难健康发展的。

（三）维系村落共同生活秩序的功能

村落社会秩序要靠村落内部加以维持，于是相应地产生了村落管理职能机构，产生了村长、村带头人和他们的权力。在中国，村管理的惯制有以下一些主要的内容与形式：一是村议事，由村中各家族有威望、有影响的长者组成村老会议，或召开全村性会议，决定本村内外公益事务。二是制定村规村约，是村民自我教育、管理的传统良俗。村规往往实行惩罚和教育相结合，以预防为主、以治为辅。三是村制裁，是对村内成员的惩罚事务，多是罚取钱、粮、物。四是村调解，这是村制中调解村内各种纠纷的一种职能，是村管理的一大内容。五是村保卫。六是村财产的管理。在这个过程中，村民形成了群体意识，获得了参与观念，锻炼了议事能力。

村落习俗多是通过仪式来表达的，如祭农神、祭土地神、祭水神、祭谷魂、祭虫神等仪式活动，以及对各种生产禁忌的恪守，集中表达了村民祈求风调雨顺的文化心理。仪式的直接目的存在于参与者的意识之中，同时也掺入了一系列复杂的宇宙观念，正是这些观念使得仪式具有特殊的教化意义。我们每个人都见证过结婚仪式，“拜天地”中的“一拜天地”，“二拜高堂”，“夫妻对拜”，体现了尊重自然、尊重长辈和祖先、自尊和互尊等丰富内涵。仪式所教育的不仅是当事人，还有所有参与活动的参与者。

习俗往往是与节日联系在一起的，春节有拜年的习俗，清明节是祭奠祖先的日子，重阳节则是敬老日。中国传统节日文化是在几千年中华文明的历史传承过程中逐步形成的，“承载着丰厚的历史文化内涵，是民众精神信仰、审美情趣、伦理关系与消费习惯的集中展示与传承的文化空间”。传统节日文化蕴涵着中华民族追求和谐的核心价值理念与道德情怀。它既是中华民族传统意义上的文化盛宴，也是中华民族共有精神家园的重要组成部分。每个节日也都有其教化主题。

【案例四】

节日的习俗

中国长期处在农业社会之中，农业生产自然成为国之大事。在这个前提与背景下生成的传统节庆，往往表现出与农业生产的密切关联性。

(1) 古人是依据农业生产天候、物候和气候的周期性转换合理安排节日的。例如，一年伊始有春节、元宵灯节、填仓节、立春节、中和节、春龙节、清明节；到秋天，立秋节、七夕节、中秋节、重阳节等接踵而至。这种与农业生产周期相一致的节庆民俗，与农业文明同步。

(2) 村落节日强调以农为本的文化理念，这可以从节庆的起源、传说故事、节庆习俗及节日祭祀等各方面得到充分的反映。二月初二龙头节，相传起源于三皇之首的伏羲氏，他重农桑，务耕农，每年二月初二，往往“亲耕”。唐尧、虞舜、夏禹也袭而仿效，以后的历代王朝皇帝常常在二月二这一天祈平安，求丰收，或者象征性“亲耕”一番，由此二月初二便演变为“龙头节”。纵观中国与岁时、岁事、时节、时令等事有关的传说故事，这种以农事活动为题材，以农业劳动者为主人翁的明显居多。比如，守岁的传说、重阳节吃糕的传说、灶王的来历传说等。还有一些节庆活动，如立春节的“鞭打春牛”和张贴“春牛图”，七夕节的“赛巧会”等，实际上都是围绕男耕女织、风调雨顺和丰收等农事生产而展开的，都反映了岁时节庆浓厚的重农心态。

与节日相关的民俗、谚语，包含的生活生产禁忌以及相关的地方知识，反映了劳动人民对于农业生产规律的认识，对自然的祈福，教化着人们时刻敬畏自然、重视农事。在节日期间，每个人传颂着谚语，享受着美食，进行着热闹的聚会，既享受着生活，又接受着文化熏陶。这种教化使人们从内心中体悟自然和生命的意义。

二、乡村手工艺让生活更美好

除了剪纸之外，农村还有很多其他令人叹为观止的农村手工艺，例如，年画、编织、刺绣、印染、面食等。这些农村手工艺涵盖了人们生活的方方面面，从生产到生活，从日常使用到审美享受，农村手工艺可以说是无处不在。

提到艺术，人们常常会误以为与乡村无关，但实际上，在中国农村，艺术是与农民的生活紧密联系在一起的，农村艺术在人们的日常生活中展现出十分独特的形式，也呈现出一种独特的魅力。

(一) 千层底的黑布鞋：多少亲情多少爱

做千层底布鞋是一种中国古老的手工艺。千层底布鞋成为国家级非物质文化遗产名录之一。曾经千层底布鞋在人们的生活中随处可见，但如今，想要在眼花缭乱的鞋市上找一双“千层底”手工布鞋，真不是一件很容易的事情。在当今农村，掌握这门手艺的年轻人寥寥无几，能做千层底布鞋的大部分是一些农村老人。这些老人们说，想做好一双手工布鞋必须经过糊浆子、裁底样、裹底子、纳鞋底、裁鞋帮、滚边口等十几道复杂的工序，只有慢工才能出细活。一般来说，做一双鞋短则3天，长则一周，尤其是纳鞋底，全靠一针一线纳出来。而穿上这双鞋的人，内心也会感觉到这双鞋里饱含的亲人的浓浓情感。就像歌曲《中国娃》中所唱的那样：“最爱穿的鞋是妈妈纳的千层底，站得稳，走得正，踏踏实实闯天下！”

(二) 村庄里的剃头匠人

假如你行走在城市里，放眼望去，到处是琳琅满目的现代理发店。在这里，理发师们可以用药水和吹风机弄出各式各样的奇异发型。但是如果只给这些理发师们一把剃刀，他们大概就会手足无措了。因为在现代城市甚至在很多乡村里，已经没有人掌握旧时的剃头技术了。旧时的剃头师傅必须具备十六般技艺：梳、编、剃、刮、捏、拿、捶、按、掏、剪、剔、染、接、活、舒、补。但如今，能够全部掌握这十六般技艺的人屈指可数。更为令人遗憾的是，掌握这些技术的农村剃头匠们已经渐渐老去，而愿意继承该种传统的年轻人寥寥无几。由于这种剃头技艺主要依靠个人的技艺，因此它不仅环保安全，而且还具有浓浓的个人情感因素。试想，一个剃头匠在专心地为自己多年的老主顾认真刮脸和剃头，他所看到的绝不会是一个潜在的可以帮助自己完成本月业绩的办卡人（在城市理发店中，理发师常常会劝说第一次理发的人办一张价格不菲的会员卡），而是一个相熟相知多年的朋友，有一句没一句地拉着家常，剃头的目的也只有简单的“干干净净、利利索索”。

（三）山西花馍：花一样的生活

馒头的作用只是为了拿来填饱肚子吗？你是否知道，在山西晋南地区（特别是闻喜县），人们在过春节时，会制作一种花馍，这种花馍是由面粉和红枣组成，并被制作成各种形状，代表着人们对来年美好生活的希望。闻喜花馍已经有1000多年的历史，它在漫长的历史过程中形成了独特的艺术风格和完整的创作体系。闻喜花馍有“花糕”、“花馍”、“吉祥物”、“盘顶”四大系列200多个品种。闻喜花馍入选山西省级非物质文化遗产名录。花馍的制作需要使用擀面杖、筷子、竹签、剪刀、梳子、菜刀等，其手法包括切、揉、捏、揪、挑、压、搓、拨、按等，其过程包括揉面、发酵、醒面、蒸制等多道工序。在山西乡村，一般在腊月二十六准备发面，腊月二十七和二十八两天蒸馍。到了除夕和整个正月，人们就以花馍为主食，如果要走亲访友，花馍还是绝好的馈赠佳品。人们常说，艺术来源于生活，但是在我国的乡土文化中，生活本身就是一门艺术。

（四）蜡染出的文化风情

蜡染是我国古老的少数民族民间传统纺织印染手工艺，多存在于贵州、云南苗族、布依族等聚居的乡村地区。蜡染先用蜡刀蘸熔蜡绘花在布上，然后再以蓝靛浸染，染后再将蜡去掉，布面就呈现出蓝底白花或白底蓝花的多种图案。同时，在浸染过程中，作为防染剂的蜡自然龟裂，使布面呈现特殊的“冰纹”，尤具魅力。蜡染布不仅外观美丽，还流传着一个美丽的故事。

【案例五】

蜡染布艺的传说

有一个聪明美丽的苗族姑娘并不满足于衣服的单一色彩，总希望能在裙子上染出各种各样的花卉图案来，可是一件一件地手工绘制实在太麻烦，但她一时又想不出什么好办法来，终日为此闷闷不乐。一天，姑娘看着一簇簇一丛丛的鲜花久久发愣，办法没想出来却在沉思中昏昏入睡。朦胧中有一个衣着漂亮的花仙子把她带到了一个百花园中，园里有无数的奇花异草，鸟语花香，蝶舞蜂忙。姑娘在花园中看呀看呀，看得入了迷，连蜜蜂爬满了她的衣裙也浑然不知。等她醒来一看，才知道刚才是睡着了，可是低头再看，花丛中的蜜蜂真的刚刚飞走，而且在她的衣裙上留下了斑斑点点的蜜汁和蜂蜡，很不好看。她只好把衣裙拿到存放着靛蓝的染桶中去，想重新把衣裙染一次，试图覆盖掉蜡迹。染完之后，又拿到沸水中去漂清浮色。当姑娘从沸水中取出衣裙的时候，奇迹出现了，深蓝色的衣裙上被蜂蜡沾过的地方居然出现了美丽的白花！姑娘心头一动，立即找来蜂蜡，加热熬化后用树枝在白布上画出了美丽的蜡花图案，然后放到靛蓝染液中去染色，最后用沸水熔掉蜂蜡，布面上就现出了各种美丽的图案！

姑娘高兴地唱起了山歌，人们听到了姑娘的歌声，纷纷来到她家听她讲百花园里的梦境、观看她染出的花裙、学习她描花绘图的技艺，大家回到自己家里之后，照着姑娘教的方法，也都染出了花样繁多的花布。从此，蜡染技术就在苗族及相邻的布依族、瑶族等民族之间流传开了。

（五）年画里的“年味儿”

现代都市人的生活可以说是衣食无忧，但每到一年一度的春节时，人们就会抱怨现在过年的“年味儿”太淡了，在城里过年越来越没有意思了。那么，城市的生活究竟缺失了什么，导致城里的“年味儿”严重不足？其实，这些缺乏的“年味儿”正是一度被城里人抛弃的农村传统工艺品，而年画就是其中之一。

年画是中国画的一种，始于古代的“门神画”，清光绪年间，正式称为年画，它是中国农村老百姓喜闻乐见的艺术形式，多用于新年时张贴和装饰环境，含有祝福新年吉祥喜庆之意。年画的制作方法大致有人工绘制、木印、水印套色、半印半画、石印、胶印等。年画的题材包罗万象，堪称一部民间生活百科全书。其内容主要有四类：神仙吉祥物、日常生活、娃娃美人和故事传说。年画是传统艺术与文化内涵的完美结合，表达了民众的审美取向和文化祈求，这是年画在中国根深叶茂和长久不衰的重要原因。从某种程度上说，一幅幅年画表达的是中华民族一脉相承的价值观和一贯的精神信仰。

三、乡村文艺让生活更快乐

（一）唢呐：来自民间的绝响

唢呐是中国各地广泛流传的民间乐器，最初由波斯传入，经过不断发展，现已成为中国极具特色的独奏乐器，广泛应用于民族乐队合奏或戏曲歌舞伴奏。唢呐的音色明亮，表现力强，发音开朗豪放，刚中有柔，柔中有刚，深受广大人民喜爱和欢迎，并广泛应用于民间的婚、丧、嫁、娶、礼、乐、典、祭等仪式伴奏中。唢呐早在3世纪就传入我国，明代后期，唢呐在戏曲音乐中占有重要地位，到了近现代，唢呐已成为中国各族人民使用颇广的乐器之一。唢呐艺术经国务院批准列入第一批国家级非物质文化遗产名录。

唢呐虽然只是一种乐器，但它却承载着中华民族经过长久的岁月累积而成的文化。吹唢呐这种民间艺术不只限于娱乐，在办丧事时，它更是对故去者的一种人生评价——道德平庸者只吹两台，中等的吹四台，上等者吹八台，德高望重者才有资格吹“百鸟朝凤”。而“百鸟朝凤”这支高难度的曲子，也只有唢呐高手才能胜任。唢呐是根植于民众的民间文化，如何对待本民族的优秀传统文化，这是当前中国面临的一个严峻课题。这恰是我们在农村文化活动日渐衰落的时代所应该认真考虑的问题。

（二）地方戏曲：走向世界的民间文艺

在中国很多地方（特别是农村地区），某种文化和价值观未必是通过文字相传，而是通过地方戏曲的方式来传承的。因此，地方戏曲很大程度上是以乡村民众喜闻乐见的方式来表达一种思想，或者塑造一种人生哲理。戏剧的表达方式可以说是老少皆宜、妇孺皆知。鲁迅先生的《社戏》就描绘了乡村戏曲对人们的吸引力，以及给自己留下的深刻印象，“一直到现在，我实在再没有吃到那夜似的好豆，——也不再看到那夜似的好戏了”。

地方戏剧凝结着某一地域的民风习俗，我国地方戏剧的种类十分丰富，包括豫剧、越剧、黄梅戏、评剧、淮剧、秦腔、川剧、吕剧等多种类型。一方面，地方戏剧是我国非物质文化遗产的重要组成部分；另一方面，地方戏又具有不同于其他非物质文化遗产的特殊性。其原因在于，地方戏剧是“活态”的传统文化表现形式，它既传承着历史文化传统，又期待着实现文化传统的创造性转换。在我国长久的农耕文明和乡村社会格局中，地方戏剧所沉淀的其实是某一地域的整体文化精神。而当我国向工业化、城镇化为标志的现代化建设大步迈进时，地方戏剧的观众正在流失，而地方戏剧的市场也在急剧萎缩。正是因为地方戏曲的稀缺性，使得中国文化界乃至世界文化界对这种濒临灭亡的农村文化形式倍加关注，很多地方戏曲被列入世界非物质文化遗产保护名录，而人们也因为它们的日渐减少而对之倍加珍惜，纷纷不远万里来到它们的发源地，只为一睹它们的风采。如今，越来越多的农民认识到它们的价值，并开始注意传承这种优秀文化形式。

在中国大地上，各个民族和各个地区的优秀文化产品还有很多，可以说不胜枚举。这些乡村文化不仅满足了人们的审美需求，更重要的是它本身还有着非常好的生活功用，它们通常集物质与精神于一体，将艺术与生活完美地结合了起来。从某种程度来说，这些鲜活的文化形式就是中华民族传统文化的活化石，它承载着中华传统文化的精髓，并将中华文化中的无数艺术瑰宝世代相传。

民俗文化也不仅仅基于对生活功能的某种满足，而且也满足了农民朋友的精神审美需求。不少民俗形式常常需要师徒相承才能够学会，并且在不断地创作中演变为独门绝活，它们为丰富中国的乡村文化增添了浓重的色彩，也成为农民和农村独具魅力的重要原因。这是因为，农村民俗文化常常体现着农民对国家安定的期待，也体现着人们对幸福生活的向往。无论是中国年画还是中国刺绣，无论是舞狮舞龙还是高跷背棍，都有着共同的期待——国泰民安、欢乐祥和。农村民俗文化以一种简单而古朴的方式，向社会释放着正能量，也传达着民族的希望。这就是乡村文化十分吸引人的地方。如今，城市人之所以向往乡村的田园生活，很大程度上是与乡村的民俗文化分不开的。从某种程度上讲，这种文化恰是农民魅力的源泉，也是中国文化的宝藏，它不仅传承着中华民族特有的文明形式，也能够为农民带来可持续的旅游收益。因此，农村民俗文化就是农民手中的珍贵宝物，它应当被传承并发扬光大。

第六节 保护乡土文化打造文化品牌

乡土文化在中华几千年历史长河中一直是占主流地位的，乡土文化不仅承载着中华文化发展、传播、继承与优化的历史重任，乡土文化还起着典型的维系农村、宗族、社区社会经济文化道德发展约束与秩序稳定的作用。当前，随着社会主义新农村建设的快速推进与传统文化复兴运动的兴起，挖掘传统的乡土文化，对于推动新农村文化建设将具有里程碑意义，有利于构建社会主义和谐新农村。

一、乡土文化的价值探究

（一）乡土文化具有重要的文化价值

乡土文化是农村知识系统、制度传统、生活方式的集合体。通过乡土文化的有效保护与挖掘传统，注入现代元素，使之转化为农民喜闻乐见的文化，不仅可以让农民在文化活动中愉悦精神，交流信息，增长才干，培养与人沟通、与人交往、与人合作的能力，成为化解农村各种纠纷的润滑剂，还可以塑造农民良好的文化心理。同时乡土文化可以培育农民健康向上的价值观，造就健康的生产生活方式，而不仅仅是靠赌博等聚“人气”和看电视、听广播的单调娱乐方式，并保证主流文化占领农村文化的制高点，成为乡村的主流文化意识，杜绝乡村的“黄、赌、毒”现象发生和封建迷信思想的泛滥。最重要的是可以挽救大量濒临消失的乡土文化遗产，保证乡土文化传承的完整性，还原其文化价值，再现乡村的历史沿革与发展脉络。

（二）乡土文化具有重要的经济价值

文化力作为经济竞争的“软实力”，成为农村经济发展的内动力，全面培育乡土文化作为新农村文化建设的基础，对推进农村的经济现代化将发挥独特的经济功能。从现代经济的发展取向看，乡土文化最符合当今经济发展潮流的，从它的形式、内容到过程、结果都是原生态的，不仅乡土文化的生产、分配、传播、消费体现着节约、环保、生态理念，而且乡土文化本身是集约型、低碳化的，它集农村上千年发展精粹而成，体现了高度的思想性、科学性与凝练性的统一。因此，如果把乡土文化当成一种特色资源，将乡土文化产品、乡土文化景观、乡土经济活动和乡土生活体验进行产业化开发，将有效增加文化产品的附加值，变为农民实实在在的经济效益，不仅可以激发农民的积极性、主动性，还可以有效地保护乡村传统文化。

（三）乡土文化具有重要的美学价值

我国地域辽阔，天南地北乡村众多，由于气候、土壤环境的差异性及不同民族生活习性的不同，从劳作到休闲，从民居到服饰和饮食，从语言到文字，从民俗到宗教都给人们提供了一幅活生生的生活全景图，深入其间，其美学思想源远流长，美学价值贯穿其中。尤其是乡土景观更具有独特的艺术审美价值，不仅样式众多、造型各异，而且内含极高的工艺美术造诣与深刻的建筑内涵，给人以无穷的艺术享受。

二、独具特色的乡土文化品牌

（一）惠州龙门农民画

龙门农民画创始于 1972 年，当时龙门县民间美术工作者积极响应党中央毛主席的号召，大力扶持、辅导工农兵业余创作，迅速掀起“工人画”、“农民画”、“战士画”之风。

龙门农民画吸收和继承了传统的民间艺术形式，创新地以单线平涂手法，结合水墨画、水彩画、油画的表现形式并借鉴传统民间刺绣、木雕、剪纸等艺术手法进行创作，同时也开创了以追寻“南蛮文化”痕迹，以“南蛮文化”作为独特文化视角、展现南国地域传统民俗文化为意念而大胆运用夸张变形的艺术手法，它突破了焦点透视、比例、结构等基本绘画方法的束缚，以浓墨重彩渲染人们丰富多彩的劳动和生活，展现了人们对自然、风俗、生活、劳动、爱情、社会的思考。这种别具一格的独特表现手法和具有抽象风格和民间审美情趣的绘画技法，成为现代民间绘画门类中的一个独有画种，在审美视角上彰显着自身的特色，具有较高的美学价值。中国美术家协会主席刘大为同志也称赞龙门农民画风格鲜明，有很高的艺术品位，并题词“乡土艺术，岭南风情”。

近年来，龙门县极力推进农民画的普及化、市场化、产业化。一方面在全县中小学开设龙门农民画教学课程，积极培训农民画人才；另一方面又以村企业合作的形式，积极拓展海内外市场。如今，龙门共有 3000 多名农民画者，其中近百名知名农民画家，创作出《风谷》《淋菜》《酿酒》《舞火狗》等具有浓郁民间生产、生活特色的作品；嘉义庄村民更是家家都有画者，成为远近闻名的农民画示范村和旅游胜地。

（二）东莞麻涌龙舟竞渡

东莞麻涌镇是著名的龙舟之乡。在水乡片区，河涌密布、纵横交错，龙舟竞渡历史悠久，村村有龙舟，拥有极其广泛的群众基础。每年五月从初一起，天天有“景”，天天有龙舟竞渡，甚至一天有好几村有活动，年年“招景”、“扒标”。麻涌历史以来并延续至今有四个“景”：漳澎景，五月初九；南洲景，五月十四；麻涌景，五月十六（麻涌镇最盛大的龙舟景）；鸥涌景，五月十八。

麻涌镇不断深挖龙舟文化底蕴，以各项龙舟活动为载体，打造龙舟文化品牌，向世界展示麻涌龙舟文化的神奇魅力，弘扬龙舟文化奋发争先、团结向上的精神，助推了美丽新麻涌的崛起。

麻涌镇不断深挖龙舟文化底蕴，以龙舟赛为载体，打造龙舟文化品牌。近年来，越来越多的民间老造船人渐渐从岗位上隐退下来，转而以制作小龙舟工艺品为娱乐，帮补家计。这些由老师傅制作出来的小龙舟工艺精湛，深受群众欢迎，大有供不应求之势。还有，为龙舟大赛建设并投入使用的华阳湖生态湿地公园与百花竞放的水上绿道相连接，开辟了一条水上旅游观光线路。还开展了龙舟文化长廊展示、龙舟摄影大赛、龙舟征文大赛等系列活动，充分展示了麻涌镇龙舟文化活动传统，弘扬龙舟奋发争先、团结向上的精神，推动经济发展和文化发展相得益彰。

（三）大澳渔家文化

大澳渔村位于广东省阳东县东平镇东南方，原为一古港，是广东历史上十大港口之一，中国古代南海“海上丝绸之路”必经的重要港口。明代大航海家郑和率领船队七下西洋曾经在此设补给站，与广州“十三行”相列，民间称“十三行尾”。宋代古沉船“南海一号”，也是在大澳东南方约20海里远的海域里打捞出水的。大澳渔村具有深厚的渔家文化，像大澳渔村这样保存完整的古渔港，在全国也极为罕见。

大澳渔村被评为广东省人文历史最美乡村旅游示范区（点）、广东省旅游特色村、阳江市新十景、阳江市文明村、阳江市重点文物保护单位，被评定为“国家AAA级旅游景区”称号。

大澳渔村景点有“明清一条街”、“蛋家棚居”、“古商会旧址”、“古炮楼”、“海角琼楼”、“海岸月湖”、“大澳万人坟”、“渔家民俗风情馆”、“爱国主义教育基地”等。“大澳渔家民俗风情馆”是全国首个渔家文化专题馆，也是阳江著名博物馆之一。馆内收藏了5000多件历代渔民生产、生活、婚嫁用品，其中很多藏品成为记录和反映渔家风情文化的珍品。

（四）高碑店高跷老会

北京市朝阳区高碑店高跷老会，成立于清代光绪十二年（1886年），至今已有130多年的历史。高跷老会以功夫好而著称，上跷跟走平地一样，角色扮相齐全，生、旦、净、末、丑行行都有，动作干净利落，表演方式自成一家。其表演内容既有舞姿轻盈优雅的“文扇”，也有扮相俊俏动作刚强飘逸的“武扇”，更有粗犷彪悍、朴实奔放的“大头行”，还有诙谐逗乐的武丑“膏药”。戏有《西厢记》《打渔杀家》等，易观易懂。

高碑店高跷老会现有队员40余名，其中年龄最大的演员已经61岁，在表演节目上，除继续保留传统节目，还有所创新，增加了女队员。为了促进高跷的传承和发展，高碑店将高跷、腰鼓、秧歌等传统民俗文化整合，打造民俗旅游文化村，接待国际、国内游客，充分展现朝阳农民的精神风貌。

第七节　培育和弘扬新乡贤文化

一、乡贤文化的概况

（一）乡贤文化，源远流长

乡贤文化的传承思想源远流长。在《孟子》《周礼》中，均载有具体的乡村组织与管理构想，并在社会实践中得到实施。秦汉以后即推行以“乡三老”为乡村最高领袖的乡治制度。另外，不同历史时期还有“乡先生”、“乡达”、“乡绅”等称呼。总地来看，“乡贤”一词系指在民间本土本乡有德行、有才能、有声望而深为当地民众所尊重的人。

北京大学教授张颐武认为，乡贤文化是中国农耕文化的产物，乡贤文化实际上属于士阶层文化在中国乡土的一种表现形式。在中国传统社会中，士阶层是社会的实际管理者，也是社会文化精神的倡导者。他们出门为官，回乡之后就是士绅，起着维护本地社会秩序的作用。无论是中央政令在地方上的有效实施，还是民间社会愿望的上达，作为政府和基层民众之间的中介，乡贤都起到了积极作用。中南大学中国村落文化研究中心主任胡彬彬认为，在中国古代社会，乡贤的存在使得上通下达的“双轨制”得以有效运行。

在我国传统社会中，乡贤还在维系地方社会的文化、风俗、教化方面发挥了积极作用。礼法合治是我国古代优秀治理经验，古代乡贤们为县以下广大乡村的治理贡献了智慧。北宋时期，蓝田的吕大忠、吕大韵兄弟等地方乡贤自发制定、实施的《吕氏乡约》，是我国历史上最早的“村规民约”。规定乡党邻里之间的基本准则，对乡民修身、立业、齐家、交友等行为，做出了规范性的要求，引导着当时人们的伦理生活。

（二）乡贤文化的窘境与挑战

如康有为在19世纪末所说，中国传统文化遭遇了“2000年来未有之变局”。时至今日，中国社会仍在巨变的进程之中，包括城镇化的快速发展，农民传统的价值观和思维方式发生变化，传统文化习俗与现代文明发生冲突。这种“变局”就包括曾经深受乡贤文化滋养的中国乡村社会所遭遇的冲击。在城镇化的浪潮中，农村优秀人才大量向城市流动，不少乡贤或定居城市或外出经商务工，正所谓“秀才都挤进城里”，人们不禁叩问“乡贤何在”？

我们要看到，虽然中国乡土已经发生了巨大的变化，但是传统社会的架构没有完全坍塌，乡村社会中错综的人际交往方式，以血缘维系的家族和邻里关系依然广泛存在于乡村之中。在这种情况下，乡贤仍很重要。作为本地有声望、有能力的长者，乡贤在协调冲突、以身作则方面提供正面价值观的作用就不可或缺。

中国需要乡贤文化的复兴，但这不是传统士绅文化的回归。传统社会中的乡村，因为生活在一个熟人社会中，并不太重视法律和契约的作用，而是更加看重有威望的乡贤对于社会公正的维护。当然，我们不能回到过去那种状况，我们需要与时俱进，需要村舍民间领袖和社会体系的有机融合，精英和地方治理的有效结合。我们要避免本地生长起来的乡贤离乡之后就断了联系，这需要政府给予支持。乡贤是乡村社会的黏合剂，他们的知识和人格修养成为乡民维系情感联络的纽带，让村民有村舍的荣誉感和社区的荣誉感，这样的乡贤文化是有上进心和凝聚力的。

二、弘扬乡贤，垂范乡里

（一）乡贤的重新界定

乡贤，即乡里的社会贤达。在古代，主要指品德、才学为乡人所推崇敬重的人，既有食朝廷俸禄的好官，也有德高望重的贤者，还有贡献卓著的能人。他们作为乡贤，受到后人的敬仰和崇拜，表明了国家和社会对其人生价值的肯定。

从现代观念与现实需求出发，乡贤的范围已不再局限于道德与才能的层面，而扩展到“名人”尤其是“文化名人”。文化名人有狭义与广义之分。狭义的文化名人是指在文章、文教、文化等方面取得巨大成就，对历史有深远影响或在某一时代名闻遐迩的人；广义的文化名人，包括在政治、经济、军事、文化、科学、教育、文艺、卫生、体育等各个领域取得突出业绩，在本土本地有较高声望的社会各界人士。

但是，不是所有的地方都有状元、进士及各类名人、英模等杰出代表，乡贤概念需与时俱进，名流诚可贵，“草根民星”、“乡土人才”也难得，只要能够有益于百姓、为百姓称道的都可以视作乡贤。现实农村中，群众公认的优秀基层干部、道德模范、身边好人等先进典型，都堪称乡贤。许多农村干部，也许文化并不高，风里来、雨里去，肩挑着集体事业，心头装着百姓冷暖，业绩或大或小，付出了努力，无愧于良心，他们是百姓心中的乡贤；许多乡村医生，依然怀有“赤脚医生向阳花，一颗红心暖千家”的秉性，身背药箱，走乡入户，甚至半夜行医，他们是百姓心中的乡贤；还有许多先富者，致富不忘乡亲，带动更多人脱困奔富，他们是百姓心中的乡贤；还有更多的公益人士、志愿者，一方有难，他们伸出温暖的双手，带来乡间的情意，他们同样是百姓心中的乡贤。北京大学张颐武教授还指出，现代社会中存在两种乡贤，一种是“在场”的乡贤，一种是“不在场”的乡贤。有的乡贤扎根本土，耕耘奉献，把现代的价值观传递给村民。还有一种乡贤，出去奋斗，有了成就再回馈乡里。他们可能人不在当地，但由于通信和交通的便利，他们可以通过各种方式关心家乡的发展，他们的思维观念、知识和财富都能够影响家乡。

总而言之，无论职业，无论居住地，只要生于斯，长于斯，奉献于斯，在百姓的“天秤”上占到一定位置，皆可尊称为“新乡贤”。

（二）优秀乡贤文化的弘扬

社会学家费孝通认为，中国社会是一个“乡土社会”。在悠久的农业文明中，包含着传统乡村治理的智慧与经验，乡贤文化则根植于其中，在古代国家治理结构中发挥着重要作用。一方面，历史上的乡贤热心公共事务，维系地方社会的文化、风俗与教化，造福一方百姓；另一方面，乡贤在维持乡土社会有效运转方面也发挥着重要作用。

当前，我国正处于社会转型期，一方面，城镇化飞速发展，另一方面，以“中国传统文化”作为内核的“中国村落文化”遗存现状令人担忧。摆在我们面前严峻的事实：古老的传统村落遗物正在以惊人的速度消失；传统村落所具有的中华民族特色文化形态正在发生急剧裂变，其内在结构也在外来文化的强大攻势下，正在支离破碎，甚至可以说延续了数千年的村落文化已到了“生死存亡之秋”。当下的乡村治理和乡村社会重建应该从优秀传统文化中寻求资源。

在不少学者看来，当前社会主义新农村建设、社会主义核心价值观的发掘与实践表明，优秀的传统乡贤文化是可资利用的重要文化资源。独特的乡贤地域文化通过本地区历代乡贤名流的德行贡献，凝聚成民众的共同精神。乡贤精神对于提升本地区民众的文化自信心、自尊心，敦厚民心、民风，激励社会向上，具有特殊的现实意义和价值作用。

乡村自治的深厚乡贤文化基础或许是值得充分发掘与利用的宝藏。曲阜师范大学新农村建设研究中心副主任张晓琼认为，乡贤文化中所蕴含的高度智慧与人文价值，潜藏着与现代农村基层民主制度相契合的因素，如果能够把传统乡贤文化智慧与现代社会发展要求相结合，加以发展创新，对于恢复乡村生机、激发乡村发展潜力将会发挥不可估量的作用。

中共中央政治局委员、中央宣传部部长刘奇葆强调，要继承和弘扬有益于当代的乡贤文化，发挥“新乡贤”的示范引领作用，用他们的嘉言懿行垂范乡里，涵育文明乡风，让社会主义核心价值观在乡村深深扎根。同时，以乡情、乡愁为纽带，吸引和凝聚各方面的成功人士，用其学识专长、创业经验反哺桑梓，建设美丽乡村。

三、乡贤反哺，引领发展

过去，弘扬与传承乡贤文化，有老传统可循。乡贤者祠堂供奉，家谱有事迹可载。有的镌刻在石碑上，甚至地方志有列传，有的流传在民间故事中，也有的融入家风家训“传家宝”中。今天，时代在进步，有些老传统还在借鉴、传承，有的地方以编写家谱形式挖掘乡贤氛围很浓。各地编写地方志，将地方旧的、新的乡贤，一并列入供后代学习的名单，也是好传统、好做法。但是，随着时代的进步，有些传统成了“明日黄花”，与时俱进，挖掘和利用乡贤文化势在必行。

（一）重构乡贤文化

当前中国城镇化发展迅速，农民外出务工，许多乡村人才流失，人去地荒，农村正呈现出空壳化的趋势。乡贤回归，重构传统乡村文化，这是中国现代化进程中实行乡村治理的有效方式。一是在涵育文明乡风中，积极开发乡贤资源。除了传统的名人、社会精英，今日乡里好干部、好村医、好教师，身边好人甚至“贤妻好媳”，也有闪光点、新故事，更是宝贵的“原生态”精神财富，值得挖掘。积极开展“好村官”、“好村医”、“好媳妇”、“好公婆”等评选活动，结合文明新风户评比、家风家训教育等，有机融入乡贤嘉言懿行，形成浓烈的乡贤文化氛围，有益传播文明乡风，构建“原生态”精神文化家园。二是设立社会荣誉、鼓励机制引导乡贤反哺，奉献乡土，凝聚浓浓乡情。中国农村还拥有优秀的传统文化资源和人文资源，“衣锦还乡”、“德泽乡里”的思想扎根在每一个中国人的骨头里。各地乡贤数量庞大，或从政，或从教，或从商等，拥有大量的人力和物力资源。他们既关心家乡的发展，又愿意为家乡做一些公益事业，他们拥有技术、资本、信息、市场和人脉资源，只要当地有健全的组织协调和沟通服务机制，就能够以项目回迁、资金回流、信息回馈、智力回乡、技术回援、扶贫济困、助教助学等形式反哺家乡。

（二）建立乡贤理事会

薄弱且无比广阔的中国农村已成为政府面临的最大实际问题，无论从资金、技术、农业服务及社区安全上，政府都无法充分满足农民和农村的需求。由于不少乡镇政府依然沿袭着“官本位”的行政理念，农民难以参与到新农村建设中来，更难以发挥出主体性作用，乡村社会的内生力量得不到充分发挥，甚至是被抑制。农村发展亟须创新农村社会管理，打破体制机制束缚。广东省云浮市创新农村社会管理模式，培育和发展自然村乡贤理事会，充分利用亲缘、人缘、地缘优势，发挥其经验、学识、财富及文化修养优势，凝聚社会资源，协助镇（街）、村（居）委、自然村（村民小组）开展农村公共服务和公益事业建设，弥补基层政府和自治组织提供公共产品和公共服务的不足，形成有益补充，理顺了乡贤服务乡土的机制。

1. 决策共谋，民事民议

理事会以座谈会、进村入户等形式，围绕本村的公益建设项目和民生实事充分研究讨论，凡是牵涉村民切身利益的项目立项、规划设计、路线走向及遇到的困难问题等，都坚持广泛听取村民意见，发动群众献计献策，集中群众意愿，使项目建设充分体现村民的意志。引导群众从“观望”逐步转向“关注”，继而转向“主动参与”。

2. 发展共建，民事民办

理事会出钱、出力发动群众申报奖补项目，带动群众由“要我建”转变为“我要建”，形成“政府自上而下层级发动，群众自下而上多方参与”的共建局面。

3. 建设共管，民事民管

理事会在村道、水利、环境、文体等奖补项目建设全过程中，引导村民组建义务监督队伍，对在建项目工程进度和质量，对建成项目的维护保养开展轮值制等形式的监督。通过开展清洁家园等活动，培养村民良好的生活习俗和文明的行为，提高群众文明素质。通过征询群众意见和建议，订立村道维护、卫生管理、美化绿化等村规民约、管理公约，以制度管人、管事，规范自治，实现共同管理，有效维护村容村貌和农村秩序。

4. 成果共享，培育精神

在理事会的协同下，广大农村群众在参与共谋、共建、共管中共享了发展成果，培育了“自律自强、互信互助、共建共享”的农村协同共治精神，持续促进美丽幸福家园建设。

（三）乡贤反哺的感人故事

1. 文天祥后裔村里的乡贤助学故事

广东省惠州市白龙塘村村民大部分姓文，被认为是南宋民族英雄文天祥的后裔。

据惠州市天祥助学促进会会长文春明介绍，白龙塘村的村民为文天祥之弟文碧的后代。文碧曾在惠州担任知州，后在惠州留下后代，白龙塘村的村民就是其中一部分。在家族的熏陶下，文氏后人从小对祖先的忠义故事铭记于心，并由衷地自豪。“天地有正气，杂然赋流形。下则为河岳，上则为日星。”文氏后人常把文天祥的《正气歌》挂在嘴边，遇到新认识的同族人，你一句我一句背下来，心理距离一下子就拉近了。同是文氏人，同唱《正气歌》。一位生活在海外的文氏宗亲表示，要怀着一片虔诚之心，感恩天祥公浩然正气给予他们的激励，继续秉承先祖天祥公的爱国主义精神，弘扬正气。

受历史传统影响，白龙塘村一直都很重视教育，他们缅怀先祖，传承后人，直至今天还发扬尊师重教和忠孝的优良传统。白龙塘村村民大多以务农为主，大多数经济条件相对困难，以前有不少学生考上大学后为学费发愁，甚至有人因此而放弃了上大学的机会。

白龙塘奖学基金会的设立不但解决了不少贫困学生的学费问题，而且在一定程度上激发了学生的读书积极性。

2. 水乡最美村庄的诞生

三板村富了、美了、出名了！幸福村居、湿地公园、百鸟天堂，年内还要推出三板村航空旅游节、疍家文化节。广东省珠海市金湾区三板村的变化源自一名叫梁华坤的乡贤。

5 年前，三板村还是有名的贫困村、空壳村。

“城市广厦千万间，不少你盖几栋楼。家乡锅灶百十口，急需你添一把柴。兄弟，与其年老体衰落叶归根，不如趁干事创业的黄金期造福家乡。”儿时伙伴的一番话，让新当选珠海市人大代表的梁华坤不顾一切，决定回到生于斯、长于斯的贫瘠土地，发展生态农业，建设新农村。

万事开头难，创业伊始缺乏咸淡水养殖经验，村民不信任，他创办的三板村水产养殖专业合作社前两年，几乎是“光杆司令”。直到第三年，净投入 300 多万元打造的湿地生态系统初步形成，久违的芦苇摇曳、千鸟翔集的美景出现在三板村，梁华坤的脸上才有了笑容。从这时开始，梁华坤走出了造福桑梓的第二步：投资 1000 多万元，改造和承包 2200 亩撂荒地，实现特色海鲜品牌“小林草鲩”生态养殖，探索“企业＋农户”、“资本＋技术＋土地＋管理＋市场”的生态农业发展模式，引导村里的养殖散户以承包地（鱼塘）租赁或量化入股的方式，与他的合作社共济、共融、共享，或使用合作社统一提供的种苗、饲料、技术和养殖标准，由合作社以保底协议价收购农户养殖的水产品，并对加盟农户实行二次分红和年底股份分红，在保证村民收益的同时，实现全村水产养殖的规模化和品牌化。

如今的三板村，是一座投资3000万元改造升级的“水乡最美村庄”，家家户户住上了新别墅，不仅400户原村民纷纷回归，还吸引了320多户外地村民加盟“小林草鲩”品牌鱼种的生态养殖。

“造福桑梓，赶早不赶晚，再难我也要挺过去。”梁华坤道出了自己的心声。

参考文献

[1] 傅江华，等. 农村经营管理译［M］. 北京：中国农业出版社，2016.

[2] 刘西涛，王炜. 现代农业发展政策研究［M］. 北京：中国财富出版社，2016.

[3] 彭飞龙，陆建锋，刘柱杰. 新型职业农民素养标准与培育机制［M］. 杭州：浙江大学出版社，2015.

[4] 陈文珍，叶志勇. 社会主义新农村文化构建［M］. 长沙：湖南师范大学出版社，2010.